역사순 365일 하나님과 동행하는 말씀대행진

1년1독 성경통독

3권(7~9월)

조병호 지음

통독원

C·O·N·T·E·N·T·S

7월 *July*

8월 *August*

날짜	순서	범위	제목
1	213	렘 34~36장	포위 중 항복을 위한 설득
2	214	렘 37~38장	예레미야의 수난
3	215	왕하 25장, 렘 39~41장	예루살렘 멸망
4	216	렘 42~45장	남겨진 남유다 백성의 행동
5	217	렘 46~48장	열방에 대한 심판
6	218	렘 49~50장	세계를 향한 심판
7	219	렘 51~52장	하나님의 심판
8	220	애 1~2장	무너지는 예루살렘
9	221	애 3~5장	소망-주의 인자와 긍휼
10	222	옵 1장	형제가 환난 당하는 날
11	223	대상 1~3장	다윗의 계보
12	224	대상 4~5장	이스라엘의 족보들 1
13	225	대상 6~9장	이스라엘의 족보들 2
14	226	대상 10~12장	왕이 된 다윗과 그의 용사들
15	227	대상 13~16장	언약궤의 예루살렘 안치
16	228	대상 17~20장	다윗의 기도와 승전기록
17	229	대상 21~22장	다윗의 죄악과 회개
18	230	대상 23~26장	다윗 시대 직분자 계보
19	231	대상 27~29장	다윗의 내각과 성전 건축 준비
20	232	대하 1~4장	솔로몬의 성전 건축
21	233	대하 5~7장	솔로몬의 성전 낙성식
22	234	대하 8~9장	솔로몬의 업적
23	235	대하 10~13장	남유다와 북이스라엘의 분열
24	236	대하 14~17장	남유다 왕국의 초기 왕들
25	237	대하 18~22장	여호사밧의 시대
26	238	대하 23~25장	요아스와 여호야다의 개혁
27	239	대하 26~28장	웃시야, 요담, 아하스 시대
28	240	대하 29~31장	히스기야의 개혁정치
29	241	대하 32~33장	히스기야의 회개와 므낫세의 죄악
30	242	대하 34~36장	요시야 시대와 남유다 멸망
31	243	겔 1~3장	파수꾼으로의 부르심

9월 September

153

날짜	순서	범위	제목
1	244	겔 4~7장	남유다에 대한 징계와 심판
2	245	겔 8~11장	예루살렘의 죄악과 심판
3	246	겔 12~14장	하나님을 배역하는 거짓 선지자들
4	247	겔 15~17장	하나님을 등진 예루살렘
5	248	겔 18~20장	심판을 거부하는 이스라엘
6	249	겔 21~22장	심판받는 이스라엘
7	250	겔 23~24장	사마리아와 예루살렘에 임한 심판
8	251	겔 25~28장	이스라엘 주변 민족에 대한 심판
9	252	겔 29~32장	애굽에 대한 심판
10	253	겔 33~35장	예루살렘의 함락
11	254	겔 36~37장	다시 회복될 이스라엘
12	255	겔 38~39장	침략자 곡에 대한 심판과 멸망
13	256	겔 40~41장	환상 중에 본 새 예루살렘
14	257	겔 42~43장	하나님의 본뜻
15	258	겔 44~46장	여호와의 영광으로 가득 찬 성전
16	259	겔 47~48장	회복과 새로운 땅
17	260	단 1~2장	바벨론 제국에서의 위인
18	261	단 3~4장	꺾이지 않는 신앙
19	262	단 5~6장	제국 변천의 중심에 서서
20	263	단 7~9장	다니엘의 환상과 해석
21	264	단 10~12장	장래의 일들
22	265	스 1~2장	다시 태어나는 공동체, 재건세대
23	266	스 3~4장	성전 건축의 기초를 놓다
24	267	학 1~2장	우선순위를 기억하라
25	268	슥 1~6장	오직 성령의 능력으로 다시
26	269	슥 7~10장	예루살렘의 회복
27	270	슥 11~14장	이스라엘의 구원
28	271	스 5~6장	성전 재건의 기쁨
29	272	에 1~5장	유다 민족의 위기
30	273	에 6~10장	위대한 구원

7

July

창세기 말라기

July
7/1
182

이사야 21~24장

환상의 골짜기 예루살렘

Tong Point 어느 누구에게도 예외가 없는 하나님의 심판 선언은 곧 남유다 백성이 의지할 분은 오직 하나님뿐임을 강조하는 것입니다.

찬양

죄짐을 지고서 곤하거든
새 찬송가 538장 〈통 327장〉

하나님의 마음 보기

이사야 21장은 바벨론에 대한 심판의 말씀입니다. 하나님께서는 바벨론의 멸망을 예고하심으로써 남유다를 위로하신 것입니다. 이사야 22장은 남유다에 대한 심판의 말씀이며, 이 장에 나오는 '환상의 골짜기'는 예루살렘을 지칭합니다. 남유다는 앗수르를 막기 위해 애굽과의 동맹 정책과 함께 예루살렘을 요새화하고 있었습니다. 즉, 군사 강화 정책을 시행했던 것입니다. 예루살렘 요새화를 위해 성벽 곁에 허름한 집을 짓고 살던 가난한 사람들의 집을 다 철거하므로 가난한 이들이 삶의 처소를 잃고 전쟁 준비에 시달리게 되었습니다. 그 모습을 보신 하나님께서 그 모든 노력이 허사가 될 것이니, 가난한 사람들을 괴롭히는 일은 그만두라고 말씀하십니다. 히스기야가 진정으로 해야 할 일은 성을 보수하는 것이 아니라, 회개의 모범을 보이고 공동체가 하나 되게 하여 하나님을 의지하는 것입니다.

이사야 23장은 강력한 해군력을 앞세워 지중해의 패권을 장악하고, 그 힘으로 큰 경제적 풍요를 이룬 두로에 대한 심판이 선언되고 있습니다. 이어지는 이사야 24장은 하나님을 떠난 자들에게는 심판이 임하고, 하나님께 돌아온 자들에게는 구원의 찬미가 울려퍼질 것이 예언되고 있습니다.

각 장의 중요 Point

21장 _ 기정사실(旣定事實)
22장 _ 옐로우 카드(Yellow card)
23장 _ 일류를 부러워 마!
24장 _ 심판의 절정(絕頂)

나를 위한 기도

인생의 아침과 밤을 경영하시는 분이 하나님이심을 알고 늘 하나님을 향해 깨어 기도하는 자가 되게 하소서.

공동체를 위한 기도

죄악으로부터 자신을 돌이켜 하나님께 돌아오는 자들에게는 구원의 찬미가 울려퍼질 것입니다. 이 아름다운 소식을 우리 민족을 향해 열심히 전하게 하소서.

전도대상을 위한 기도

하나님의 마음 알아가기

삶으로 실천하기

Worship
소그룹예배

임마누엘의 하나님

열왕기하 17장-18:12, 이사야 1-24장

기도로 예배를 시작합니다.

이 시간, 우리가 함께 모여 하나님께 드리는 이 예배를 기뻐 받아주시고, 예배드리는 가운데 하나님의 마음과 뜻을 깨달아 알 수 있도록 지혜를 주소서.

함께 찬양을 부르세요.

"곤한 내 영혼 편히 쉴 곳과" 새 찬송가 406장 (통 464장)

성경을 소리 내어 함께 읽고 오늘 본문의 통通 이야기를 들려주세요.

* 이사야 7장 10-14절

아하스 왕은 북이스라엘과 아람의 연합군대의 침략 소식에 몹시 두려워하며 앗수르에 도움을 청합니다. 하지만 이사야는 오직 하나님을 의지하라고 합니다. 그러나 아하스 왕은 조언을 듣지 않고, 하나님께서는 대신 징조를 구한 이사야를 통해 '임마누엘의 하나님'을 말씀하십니다.

말씀을 통해 알 수 있는 하나님의 마음을 생각하며 함께 마음을 나눕니다.

* 나에게 두려움을 주는 것들이 있다면 무엇입니까? 가정, 이웃, 사회에서 느끼는 어려움과 두려움을 잘 극복하기 위해 어떤 자세를 가져야 할까요?

* 하나님께서는 늘 우리와 함께하시는 분입니다. 그렇다면 하나님과 동행하는 공동체가 되기 위하여 모두가 함께 노력해야 할 것은 무엇인지 나누어봅시다.

서로 축복의 말을 함께 나눕니다.

"임마누엘의 하나님께서 우리와 늘 함께하십니다."

함께 기도하며, 연이어 주님이 가르쳐주신 기도로 예배를 마칩니다.

늘 우리 곁에서 큰 사랑으로 함께하시는 주님께 감사드립니다. 주님을 온전히 신뢰함으로 순종하며 나아가는 복된 주의 자녀들이 되게 해주소서.

July
7/2
183

창세기 — 말라기

이사야 25~29장

남유다에 대한 하나님의 경고

Tong Point 남유다를 향해 탄식하시는 하나님께서는 그들이 희망을 놓아버린 그곳에서부터 구원의 역사가 일어날 것을 선포하십니다.

찬양

하나님의 크신 사랑
새 찬송가 15장 〈통 55장〉

하나님의 마음 보기

열방에 대한 하나님의 심판과 마지막 날에 대한 환상을 보았던 이사야가 하나님을 찬양합니다. 하나님께서 예비하신 세상은 힘 있는 자가 힘없는 자를 압제하지 않습니다. 하나님께서 빈궁하고 환난 당한 자들을 보호하시고 포학을 행한 자들을 심판하실 것이기 때문입니다. 이 땅의 모든 제국들이 하나님의 심판 아래 있습니다.

이사야 27장에는 하나님의 사랑이 잘 표현되어 있습니다. 하나님의 심판 앞에서 이스라엘도 예외는 아니었습니다. 하나님의 심판은 죽음을 위한 것이 아니라 새로운 생명을 소생시키기 위함입니다. 이것이 이사야를 통해 선포하시는 하나님의 구원의 청사진입니다. 이사야는 하나님을 포도원지기로 비유합니다. 하나님께서는 이스라엘이라는 포도를 심고, 모든 정성을 쏟으셨습니다. 그런데 그들이 맺은 것은 극상품 포도가 아니라 들포도였습니다. 그럼에도 불구하고 하나님께서는 또다시 이스라엘의 포도원지기를 자청하십니다. 그리고 그들을 향해 다시 한 번 기대하시며, 때를 따라 물을 주고 밤낮으로 간수하여 아무도 그들을 해치지 못하게 하십니다. 이사야가 계속해서 반복하는 결론은 인생들을 향한 하나님의 근본 마음이 사랑이라는 사실입니다.

각 장의 중요 Point

25장 _ 내가 소망을 갖는 것은 이것 때문입니다
26장 _ 사모곡(思母曲)
27장 _ 구원의 청사진
28장 _ 아름다운 면류관이 되어주마
29장 _ 스태그플레이션(Stagflation)

나를 위한 기도

하나님께서 주신 말씀의 정신을 내 삶의 자리에서 실현해 나갈 수 있도록 믿음과 용기를 더하여 주소서.

공동체를 위한 기도

율법을 받았지만 그 정신을 실현하지 않은 남유다를 심판하시겠다는 하나님의 경고를 기억하며 교회 공동체가 주의 백성 된 사명을 잘 감당하게 하소서.

전도대상을 위한 기도

하나님의 마음 알아가기

삶으로 실천하기

July 7/3

184

창세기 말라기

이사야 30~35장

의로 통치하는 왕

Tong Point 하나님께서는 이스라엘의 회복을 위해, 인류를 공의롭게 통치하고 정의로 심판하시며 의로 다스릴 한 왕을 준비하고 계십니다.

찬양

주 예수의 강림이
새 찬송가 179장 〈통 167장〉

하나님의 마음 보기

이사야의 예언을 귀담아 듣지 않는 남유다의 위정자들은 하나님 대신 애굽과의 동맹을 선택했습니다. 앗수르의 침공을 앞두고 남유다가 이사야의 조언에도 불구하고 참된 의지처인 하나님을 선택하기보다는 눈에 보이는 애굽의 힘에 기대어 나라의 위기를 모면하려 한 것입니다. "애굽의 도움은 헛되고 무익하니라"(사 30:7)라는 이사야의 선포처럼 애굽은 남유다를 도울 힘이 없으며, 오직 하나님을 의지하는 것만이 궁극적인 문제해결 방법입니다. 하나님께서는 오직 하나님만을 믿고 의지하라고 반복적으로 말씀하십니다. 남유다 백성은 자신들이 두려워해야 할 대상이 앗수르가 아니며, 그들을 도울 수 있는 대상도 애굽이 아님을 알아야 했습니다.

이사야는 앗수르의 위협을 받고 있는 조국 남유다를 위해 기도합니다. 그러자 하나님께서 이사야의 기도에 구원의 응답을 주십니다. 이사야 35장은 하나님께서 이스라엘에게 주시는 미래의 청사진으로 하나님께서 열방을 심판하실 것이며, 그 가운데 이스라엘을 회복시켜 주신다는 것입니다. 결국 물이 바다를 덮음 같이 여호와를 아는 지식이 세상에 충만하게 될 것입니다. 이를 이루시는 하나님은 구속의 하나님이며, 이를 누리는 자들은 구속함을 입고, 속량함을 받은 자들이 됩니다.

각 장의 중요 Point

30장 _ 줄을 잘 서야 하는데…
31장 _ 입술이 부르틀지라도 외치리
32장 _ No and Yes!
33장 _ 경외, 가장 큰 보배
34장 _ 기쁨을 앞에 두고
35장 _ 하나님의 아름다움을 보리로다

나를 위한 기도

나를 참으로 도우시는 분은 하나님이심을 늘 고백하며 살게 하시고 하나님의 품에 거하는 인생이 되게 하소서.

공동체를 위한 기도

하나님의 세계경영을 깨닫고 하나님만이 우리의 재판장이시며 왕이심을 고백하는 공동체가 되기를 원합니다.

전도대상을 위한 기도

하나님의 마음 알아가기

삶으로 실천하기

July
7/4
185

창세기 말라기

열왕기하 18:13~37, 이사야 36장

남유다를 위협하는 앗수르

Tong Point 예루살렘을 에워싼 앗수르의 장수 랍사게가 하나님을 망령되이 일컬을 때, 히스기야는 하나님만 의뢰하기로 결심합니다.

찬양

죄짐 맡은 우리 구주
새 찬송가 369장 〈통 487장〉

하나님의 마음 보기

히스기야는 이사야 선지자의 말을 무시하고 끝내 애굽에 도움을 요청합니다. 그렇게 애굽과 관계를 맺기 시작하면서 히스기야는 앗수르에 조공을 보내지 않았습니다. 그렇지 않아도 남유다를 침략할 기회만을 기다리고 있던 앗수르는 배신자를 처단하러 온다는 구실을 내세워 남유다로 쳐들어옵니다. 얼마 가지 못해 예루살렘 성을 제외한 전 국토가 앗수르에 점령당하고 맙니다. 그러자 히스기야는 앗수르 왕에게 "내가 범죄하였나이다"라고 빌며 "왕이 내게 지우시는 것을 내가 당하리이다"(왕하 18:14)라고 말합니다. 이에 앗수르 왕은 은 삼백 달란트와 금 삼십 달란트를 요구합니다. 그러자 히스기야는 여호와의 성전과 왕궁 곳간에 있던 은과 성전의 문과 기둥에 입힌 금을 벗겨내어 앗수르에 바칩니다. 그럼에도 불구하고 앗수르는 예루살렘마저 정복하기 위해 다시 남유다를 치러옵니다.

앗수르의 장수 랍사게가 예루살렘 성이 보이는 높은 산에 올라가서 히스기야 왕에게 빨리 항복하고 성문을 열라고 소리칩니다. 랍사게는 하나님을 모욕하는 말까지 서슴지 않았습니다. 남유다의 성읍 중 예루살렘 성만 남은 상황에서 히스기야 왕은 앗수르의 장수 랍사게가 하나님을 모독했다는 이 이야기를 듣게 됩니다.

각 장의 중요 Point

18장 _ 위기가 닥쳐올 때는…
36장 _ 이때를 위함이 아니냐

나를 위한 기도

모든 것 위에 뛰어나신 하나님의 이름을 찬송하며 오직 하나님을 의지함으로 승리하게 하소서.

공동체를 위한 기도

히스기야가 하나님만 의뢰하기로 결심했듯이, 우리는 우리의 능력과 주변 환경보다 하나님을 더 신뢰하는 공동체가 되게 하소서.

전도대상을 위한 기도

하나님의 마음 알아가기

삶으로 실천하기

July
7/5
186

창세기 말라기

열왕기하 19장, 이사야 37장

히스기야의 기도와 하나님의 구원

Tong Point 오직 하나님만 의지한 히스기야의 기도를 들으신 하나님께서 예루살렘을 큰 위기 가운데에서 건져주십니다.

찬양

내 주여 뜻대로
새 찬송가 549장 〈통 431장〉

하나님의 마음 보기

국가적 위기에 직면한 상황에서, 히스기야가 드디어 하나님께 나아갑니다. 앗수르의 침공으로 말미암아 자신과 예루살렘에 닥친 재난을 여호와 하나님께 의탁하고 하나님의 뜻을 구하기로 결단한 것입니다. 히스기야는 먼저 하나님의 이름이 능욕당하는 현실에 가슴 아파합니다. 그리고 이 사태를 어떻게 처리해야 할지 이사야에게 사람을 보내어 묻고, 살아계신 하나님께 앗수르의 왕 산헤립이 하나님을 모욕한 말을 들으시고 그들의 위협 앞에 놓인 남유다를 구원해 달라고 기도했습니다.

그 순간, 상황이 역전됩니다. 마음을 돌이켜 오직 하나님만을 의지한 히스기야의 기도를 하나님께서 들으신 것입니다. 하나님께서는 "나와 나의 종 다윗을 위하여 이 성을 보호하여 구원하리라"(왕하 19:34)라는 약속을 주십니다. 이 약속대로 하나님의 사자가 앗수르 왕의 주력 부대 18만 5천 명을 하루아침에 무너뜨립니다. 오만하기 이를 데 없었던 앗수르는 이사야의 예언대로 하나님의 심판을 받았고, 예루살렘은 위기에서 벗어날 수 있었습니다. 이 사건 후 앗수르 제국은 역사의 무대 뒤로 사라지게 됩니다.

각 장의 중요 Point

19장 _ 아무도 모르는 죽음
37장 _ 믿음과 현실 사이

나를 위한 기도

하나님을 믿는 믿음이 큰 역사를 이루어내는 것을 믿으며 오늘도 믿음으로 승리하는 하루 되게 하소서.

공동체를 위한 기도

우리에게 찾아온 위기의 상황들을 위험한 기회가 아닌, 위대한 기회로 만들어가기 위해 전심으로 기도하는 공동체가 되게 하소서.

전도대상을 위한 기도

하나님의 마음 알아가기

삶으로 실천하기

July 7/6

187

창세기 말라기

열왕기하 20장, 이사야 38~39장

히스기야의 병과 회복

Tong Point 히스기야는 간절한 기도를 통해 생명을 연장받는 은혜를 누리지만, 자신을 찾아온 바벨론의 사자들에게 스스로를 자랑합니다.

찬양

십자가로 가까이
새 찬송가 439장 〈통 496장〉

하나님의 마음 보기

교만하던 앗수르가 하나님의 징계로 인해 역사의 뒤안길로 사라졌습니다. 앗수르 제국 이후 또 다른 제국이 등장하게 되는데, 바로 신(新)바벨론 제국입니다. 메소포타미아는 물론이요, 고대 근동 전체를 다스리려는 야망을 품은 므로닥발라단(느부갓네살의 아버지)이 고(古)바벨론의 영화를 꿈꾸며 주변을 장악해가고 있었습니다. 피정복지에 대한 앗수르 제국의 지배방식이 강력하고 혹독했던 것에 비해 바벨론은 겉은 부드럽지만 속은 더욱 철저한 제국이었습니다.

한편 히스기야는 하나님의 은혜로 앗수르를 물리친 후 큰 병에 걸렸습니다. 이사야가 히스기야에게 곧 죽을 것이라고 통보하자 히스기야는 하나님께 기도하며 통곡합니다. 하나님께서는 그 기도를 들으시고, 히스기야의 생명을 15년 연장해주셨습니다. 바벨론 왕이 히스기야의 병문안을 빌미로 사신을 통해 앗수르를 물리친 히스기야를 칭송하는 편지와 예물을 보냅니다. 이를 받고 마치 자신의 탁월한 지도력으로 앗수르의 군대를 물리친 것처럼 교만해진 히스기야는 바벨론 왕이 보낸 특사에게 예루살렘 왕궁 안의 모든 것을 다 보여줍니다. 이는 이후 바벨론에게 남유다를 공격할 수 있는 기회를 준 것이 되고 맙니다.

각 장의 중요 Point

20장 _ 생명 연장의 꿈
38장 _ 비둘기처럼 날이 샐 때까지
39장 _ 내가 살아 있는 동안만이라도?

나를 위한 기도

어려움에 처해 있을 때나 억울한 일을 당할 때, 또한 큰 슬픔에 빠져 있을 때 더욱더 주님을 향해 부르짖게 하소서.

공동체를 위한 기도

우리 공동체가 세상을 향해 지킬 것은 끝까지 지킴으로 이 세상을 밝히는 희망의 불빛이 되기를 원합니다.

전도대상을 위한 기도

하나님의 마음 알아가기

삶으로 실천하기

창세기 ― 말라기

July
7/7
188

이사야 40~42장

하나님의 위로

Tong Point 소망 없는 이스라엘을 구원하실 분은 오직 아브라함을 벗이라 부르시며 야곱을 택하여 부르셨던 하나님뿐입니다.

찬양

예수님은 누구신가
새 찬송가 96장 〈통 94장〉

하나님의 마음 보기

이사야의 심판 예언이 이사야 40장을 분기점으로 구원의 약속으로 이어지고 있습니다. 두려워하며 떨고 있는 남유다 백성에게 하나님께서 친히 위로를 주신 것입니다. 하나님께서는 이사야 선지자를 통해 어떠한 상황에 처해져도 하나님의 말씀을 믿고 힘을 잃지 말라고 말씀해주십니다. 하나님께서는 세상을 창조하셨고, 세상 어떤 것과도 비교할 수 없는 분이십니다. 하나님께서는 두려움에 떨고 있는 이스라엘 백성을 "나의 종 너 이스라엘아!" "내가 택한 야곱아!" "나의 벗 아브라함의 자손아!"(사 41:8)라고 부르십니다. 그리고 하나님께서 이미 이스라엘을 택하시고, 그들을 구원하기로 결심하셨으니 아무것도 두려워하지 말라고 말씀하십니다.

이스라엘의 왕들이 참으로 의지해야 할 하나님을 버리고 우상을 섬길 때조차도 하나님께서는 그들이 돌아오기를 바라시며 그들을 구원하실 계획을 품고 계셨습니다. 그들과 함께 아파하시고, 안타까워하시며 그들의 하나님이 되고자 하셨습니다. 바로 그 하나님께서 두려워하지 말라는 위로와 희망의 말씀을 이사야를 통해 주시는 것입니다. 이스라엘을 끝까지 돌보시고 사랑하실 하나님께서 이사야를 통해 주시는 희망의 메시지는 하나님께서 어떤 분이신지를 가장 잘 드러냅니다.

각 장의 중요 Point

40장 _ 누가 이 모든 것을
41장 _ 나의 친구여
42장 _ 영원한 약속

나를 위한 기도

나의 인생이 바람에 쉽게 흔들리는 인생이 되지 아니하고 하나님의 말씀을 기초로 반석 위에 세워지는 인생 되게 하소서.

공동체를 위한 기도

우리의 지도자들에게도 하나님의 영으로 충만케 하사 백성을 잘 섬기고 이끌어갈 수 있는 지혜를 허락하여 주소서.

전도대상을 위한 기도

하나님의 마음 알아가기

삶으로 실천하기

July 7/8

189

창세기 말라기

이사야 43~45장

이스라엘의 회복

Tong Point 죄 가운데 있는 그들을 연단시켜 하나님의 민족으로 다시 세우시려는 하나님의 사랑으로 인해 이스라엘에게는 참 소망이 있습니다.

찬양

큰 물결이 설레는 어둔 바다
새 찬송가 432장 <통 462장>

하나님의 마음 보기

이스라엘의 구원 예언이 이어집니다. 이사야는 어려운 형편에 놓여 있는 남유다 백성에게 하나님의 구원을 기대하며 현재의 고난을 인내할 것을 강조하고 있습니다. 모든 위협과 환난으로부터 건지시고 그들을 용서하기 원하시는 하나님을 신뢰하라는 것입니다. 하나님께서는 이스라엘을 지명하여 하나님의 백성으로 삼아 그들을 가르치고 품으셨습니다. 그러나 그들은 오히려 하나님을 멀리하며 우상을 숭배하고 죄악을 일삼았습니다. 그럼에도 불구하고 그들을 택하시고 부르셔서 당신의 백성으로 삼으신 하나님의 사랑은 변함이 없습니다.

하나님께서는 여전히 남유다 백성을 기다리십니다. "내가 너를 지명하여 불렀나니 너는 내 것이라"(사 43:1)라고 말씀하신 하나님께서는 이스라엘을 직접 낳고 기르신 분은 오직 하나님이라는 사실을 다시금 확인시키십니다. 남유다 백성에게 하나님의 구원을 선포하고 그것이 하나님의 약속임을 알렸던 이사야는 그로부터 한 걸음 더 나아가는 하나님의 계획을 구체적으로 드러내고 있습니다. 그것은 곧 온 인류의 구원을 밝히는 것입니다. 하나님께서는 이스라엘의 구원의 날과 더 나아가 구원자를 통한 모든 열방의 구원, 곧 당신이 세우신 계획의 성취를 약속하십니다.

각 장의 중요 Point

43장 _ 내가 행하리니 누가 막으랴
44장 _ 너에게 누가 있겠느냐
45장 _ 해 뜨는 곳, 해 지는 곳

나를 위한 기도

나를 세상의 위협과 환난으로부터 건지시는 하나님을 의지하고 현재의 고난을 인내하며 하나님께서 베푸실 구원의 때를 기다리게 하소서.

공동체를 위한 기도

다시 세우시려는 하나님의 사랑으로 인해 이스라엘에게 참 소망이 있었듯이, 우리 공동체 가운데에도 하나님으로 인한 소망이 가득하게 하소서.

전도대상을 위한 기도

하나님의 마음 알아가기

삶으로 실천하기

Worship
소그룹예배

치료하시는 하나님

열왕기하 18:13-20장, 이사야 25-45장

기도로 예배를 시작합니다.

이 시간, 우리가 함께 모여 하나님께 드리는 이 예배를 기뻐 받아주시고, 예배드리는 가운데 하나님의 마음과 뜻을 깨달아 알 수 있도록 지혜를 주소서.

함께 찬양을 부르세요.

"주 예수님 내 맘에 오사" 새 찬송가 286장 (통 218장)

성경을 소리 내어 함께 읽고 오늘 본문의 通 이야기를 들려주세요.

* 이사야 38장 1-8절

앗수르와의 전쟁에서 크게 이긴 히스기야 왕은 뜻밖의 질병에 걸려 죽게 됩니다. 하지만 히스기야는 낙심하지 않고 하나님을 향해 통곡하며 간절히 기도합니다. 이 때 하나님께서는 이사야를 통해 히스기야의 병이 나을 것이라는 회복과 소망의 말씀을 주십니다.

말씀을 통해 알 수 있는 **하나님의 마음**을 생각하며 함께 마음을 나눕니다.

* 가족 가운데 혹 몸이 불편하거나 질병으로 아픈 사람이 있습니까? 하나님의 도우심과 치료하심을 믿으며 연약한 가족과 서로를 위해 함께 기도드립시다.

* 하나님께서는 우리의 영혼과 육신이 건강하기를 바라십니다. 우리의 영과 육의 강건함을 위해 할 수 있는 계획들을 나누고 실천해봅시다.

서로 **축복의 말**을 함께 나눕니다.

"하나님의 사랑과 은혜 안에서 항상 건강한 삶을 사세요"

함께 기도하며, 연이어 주님이 가르쳐주신 기도로 예배를 마칩니다.

우리의 체질을 아시는 하나님께서 늘 새로운 생명으로 우리를 채워주십니다. 우리 모두 건강하고 기쁨이 가득한 인생을 살게 해주소서.

창세기 말라기

July
7/9

190

이사야 46~50장

이스라엘의 구원

Tong Point 하나님은 열방의 압제를 받는 남유다 백성을 구원하시는 것은 물론이요, 이 땅의 모든 이들을 구원하시는 능력의 하나님이십니다.

찬양

오랫동안 모든 죄 가운데 빠져
새 찬송가 284장 〈통 206장〉

하나님의 마음 보기

하나님께서는 바벨론을 두려움의 대상으로 여기는 남유다 백성의 어리석은 생각을 돌이키시기 위해 바벨론의 멸망을 선언하십니다. 또한 하나님께서는 이스라엘 백성의 죄악을 지적하십니다. 그들의 죄악을 밝히 드러내어 고침으로써 참된 소망과 구원을 허락하시려는 것입니다. "보라 내가 너를 연단하였으나 은처럼 하지 아니하고 너를 고난의 풀무 불에서 택하였노라"(사 48:10). 이것이 하나님의 본심입니다. 하나님께서 때로는 징계하실 수도 있습니다. 그러나 좀 더 깊이 생각해 본다면 징계까지도 하나님의 사랑의 한 표현임을 알게 됩니다. 인생들이 하나님께 돌아오기를 바라시는 하나님의 신실하신 사랑인 것입니다.

이사야는 비록 현재의 상황이 흑암 가운데 있다 할지라도 주의 종은 구원의 사명을 다할 것임을 거듭 증거하고 있습니다. 다시 선언되는 구원의 말씀에도 불구하고 이스라엘 백성이 현실적인 고통으로 인해 힘들어하는 모습을 보신 하나님께서는 "너를 이방의 빛으로 삼아 나의 구원을 베풀어서 땅 끝까지 이르게 하리라"(사 49:6)라고 말씀하시며 구원의 확신을 주십니다. 이스라엘 백성이 구원받는 방법은 오직 하나님의 음성을 듣고, 그분께로 돌아가는 길뿐입니다.

각 장의 중요 Point

46장 _ 동방의 독수리
47장 _ 배신자의 최후
48장 _ 밝히 드러내는 이유
49장 _ 어찌 제 젖먹이를
50장 _ 오해

나를 위한 기도

태어날 때부터 백발이 되기까지 하나님께서 나의 인생을 품으심을 믿으며 오늘도 주님 앞에서 의미 있는 존재로 살아가게 하소서.

공동체를 위한 기도

하나님의 말씀을 잘 듣고 깨달아 하나님의 선하신 뜻에 온전히 순종하는 아름다운 공동체가 되기를 원합니다.

전도대상을 위한 기도

하나님의 마음 알아가기

삶으로 실천하기

July
7/10
191

창세기 ——— 말라기

이사야 51~55장

고난 받는 종

Tong Point 건축자의 버린 돌 같은 구원자를 통하여 하나님께서는 모퉁이의 머릿돌을 삼으실 것이요, 은혜의 사건을 예비하실 것입니다.

찬양

내 주님 입으신 그 옷은
새 찬송가 87장 〈통 87장〉

하나님의 마음 보기

이사야 51장에서 이사야의 선포는 다시 하나님의 위로로 돌아옵니다. 이사야는 특별히 아브라함의 예를 들며 이를 설명하고 있습니다. 하나님께서는 당신의 뜻을 믿고 순종하는 아브라함 부부를 통해 이스라엘 민족을 이루셨음을 설명합니다. 뒤이어 이사야는 약 7백 년 후에 오실 메시아이신 예수님의 모습을 예언하고 있습니다. 앞서 이사야 9장에서는 강한 메시아, 전능하신 예수님을 묘사했습니다. "한 아기가 우리에게 났고 한 아들을 우리에게 주신 바 되었는데 그의 어깨에는 정사를 메었고 그의 이름은 기묘자라, 모사라, 전능하신 하나님이라, 영존하시는 아버지라, 평강의 왕이라 할 것임이라"(사 9:6).

그런데 이사야 53장에는 인간들의 잘못을 책임지시기 위해 고통 앞에 처해진 메시아의 모습이 그려지고 있습니다. "그는 주 앞에서 자라나기를 연한 순 같고 마른 땅에서 나온 뿌리 같아서 고운 모양도 없고 풍채도 없은즉 우리가 보기에 흠모할 만한 아름다운 것이 없도다 그는 멸시를 받아 사람들에게 버림 받았으며 간고를 많이 겪었으며 질고를 아는 자라"(사 53:2-3). 이 고난 받는 종의 모습은 온 인류의 영원한 구원을 성취하실 예수 그리스도에 대한 묘사로, 인류 전체를 구원하실 하나님의 청사진입니다.

각 장의 중요 Point

51장 _ 위로하는 이
52장 _ 본심
53장 _ 상함과 찔림
54장 _ 이스라엘의 치유자
55장 _ 초청장

나를 위한 기도

내 모든 삶의 여정에 하나님의 끊임없는 관심과 사랑이 있음을 감사드리며 오늘도 하나님의 말씀에 의지하여 살게 하소서.

공동체를 위한 기도

온 세상을 구원하실 하나님의 광대하신 사랑을 세계만방에 알리는 선교지향적인 교회가 되게 하소서.

전도대상을 위한 기도

하나님의 마음 알아가기

삶으로 실천하기

창세기 말라기

July
7/11
192

이사야 56~59장

참된 회개

Tong Point 하나님께서 기뻐하시는 헌신은 말씀대로 살기 위해 땀을 흘리며, 그분을 사모하고 이웃을 진심으로 사랑하려는 삶의 자세입니다.

찬양

예수 앞에 나오면
새 찬송가 287장 〈통 205장〉

하나님의 마음 보기

이사야 56장에 이어 57장에서 하나님께서는 남유다의 우상숭배를 음행에 빗대어 책망하십니다. 이스라엘을 향한 하나님의 목적은 그들을 제사장 나라로 삼아 그들뿐만 아니라 열방까지도 구원하시는 것이었습니다. 그러나 이스라엘이 이 목적을 잊은 채 하나님을 떠나면 그들을 책망하셨던 것입니다. 이사야 58장은 금식과 안식일이라는 두 종교적 의례를 들어 하나님의 진정한 관심이 어디에 있는지를 강조하고 있습니다. 외식적 행위에 불과한 이스라엘 백성의 종교생활은 더 이상 하나님께나 이웃들에게 기쁨이 되지 못합니다. 중심을 보시는 하나님께서는 겉으로 드려지는 예식이 아닌 진정한 삶에서 우러나오는 예식을 받고 싶어 하십니다.

하나님께서는 이사야 59장을 통해 자신들을 구원해주지 않는다며 하나님을 원망하는 이스라엘에게 그 책임 소재를 명확히 하십니다. 이스라엘은 열방의 침략 앞에 그들을 내버려두신 것에 대해 하나님을 원망했지만, 그들의 멸망과 현재의 고난은 바로 그들의 죄 때문이라는 것입니다. 하나님께서 구원을 선포하시는 지금, 이스라엘 백성은 더욱 겸손히 하나님만 바라보아야 할 것입니다. 죄의 자리를 떠나 하나님께로 돌아오는 자에게 하나님께서는 영원한 구원을 약속하십니다.

각 장의 중요 Point

56장 _ 평생교육　57장 _ 최종 목표
58장 _ 물댄 동산　59장 _ 내 탓이요

나를 위한 기도

오늘도 나를 향해 구원의 메시지를 선포하시는 하나님의 음성을 듣게 하시고 하나님의 영원하심을 찬송케 하소서.

공동체를 위한 기도

하나님께서 기뻐하시는 헌신은 말씀에 순종하여 온 몸과 마음으로 정성을 다해 이웃을 사랑하는 것임을 이 땅의 모든 교회 공동체가 깨달아 알게 하소서.

전도대상을 위한 기도

하나님의 마음 알아가기

삶으로 실천하기

July
7/12
193

창세기 말라기

이사야 60~63장

구원의 아름다운 소식

Tong Point 이스라엘의 환난에 동참하시며 그들이 온전히 회복되기를 원하시는 하나님께서 아름다운 구원의 소식을 전하십니다.

찬양

시온의 영광이 빛나는 아침
새 찬송가 550장 〈통 248장〉

하나님의 마음 보기

하나님께서는 이스라엘 백성에게 참 위로와 희망을 주십니다. "일어나라 빛을 발하라 이는 네 빛이 이르렀고 여호와의 영광이 네 위에 임하였음이니라"(사 60:1)라고 말씀하시며 이스라엘 백성에게 하나님의 평화와 구원을 약속하십니다. 슬픔과 근심이 있는 사람들에게 기쁨이 전해지고, 황폐하였던 이스라엘 땅이 다시 회복될 것입니다. 이어지는 이사야 61장의 예언의 말씀은 예수 그리스도의 삶과 말씀, 그리고 그분의 사역을 통해 이 땅 위에 실현됩니다. 하나님께서 시온의 영광이 회복된 구체적인 모습과 함께 시온을 회복할 메시아의 사역을 보여주고 계신 것입니다. 이사야는 시온의 공의가 빛 같이, 예루살렘의 공의가 횃불 같이 나타날 것을 확신하고 있습니다. 이사야는 그 확신으로 예루살렘을 화려한 시온 성으로 회복시킬 하나님의 종에 대해 소개한 것에 이어, 예루살렘을 '헵시바'(나의 기쁨이 그에게 있다)와 '쁄라'(결혼한 여자)라고 부릅니다. 예루살렘은 거룩한 백성의 성읍이 될 것입니다.

절망 속에서도 하나님을 믿음으로 바라보며, 곁에 있는 이들에게 소망을 불어넣어주는 이사야의 이와 같은 행동을 통해 하나님께서는 하나님의 역사를 이루어가고 계십니다.

각 장의 중요 Point

60장 _ 태양을 향해 달려라
61장 _ 세계를 두 어깨에
62장 _ 이상형
63장 _ 꿈쩍도 안 해?

나를 위한 기도

오늘도 하나님께서 나의 구원자 되시며 예수 그리스도가 나의 친구 되심을 큰 기쁨과 큰 자랑으로 삼으며 살게 하소서.

공동체를 위한 기도

인생들의 환난에 동참하시며 온전히 회복시키시는 하나님의 구원의 소식을 온 세상에 전파하는 아름다운 공동체가 되게 하소서.

전도대상을 위한 기도

하나님의 마음 알아가기

삶으로 실천하기

July
7/13
194

창세기 — 말라기

이사야 64~66장

영광과 평화의 청사진

Tong Point 하나님께서는 모든 죄의 문제가 해결된 후 이루어질 새 하늘과 새 땅, 이스라엘의 완전한 회복과 영광을 약속하십니다.

찬양

흑암에 사는 백성들을 보라
새 찬송가 499장 〈통 277장〉

하나님의 마음 보기

하나님의 마음을 누구보다도 잘 헤아렸던 하나님의 종 이사야의 기도가 계속되고 있습니다. 하나님의 본심, 곧 그들을 구원하고자 하시는 하나님의 마음을 잘 알고 있는 이사야가 백성의 죄를 중보하고 있는 것입니다. 비록 그들이 악을 행하고 심판을 받아 어려운 시기를 보내고 있지만, 이사야가 올리는 기도를 통해 하나님께서 새로운 날을 준비하고 계시리라는 소망을 품을 수 있게 됩니다. 이사야가 외치는 메시지 가운데 하나는 하나님의 심판으로 대부분의 이스라엘 사람들이 멸망할 것이지만, 그 가운데서 그루터기 곧 남은 자들은 구원을 받으리라는 것입니다. 죄에 따른 심판은 반드시 있을 것입니다. 그러나 이스라엘의 남은 자를 통한 하나님의 구원은 결국 이스라엘뿐만 아니라 온 열방의 회복으로 이어지게 될 것입니다.

하늘과 땅을 향한 탄식으로 시작했던 이사야의 예언이 드디어 대단원의 막을 내립니다. 하나님의 공의는 그분을 믿는 자들에게는 구원의 희망을, 죄악을 일삼는 자들에게는 그에 상응하는 징계를 내리는 것입니다. 형식뿐인 제사가 드려지는 현실을 바라보시며 하나님께서는 죄의 대가인 심판도 말씀하셨지만, 시온의 영광과 함께 펼쳐질 새 하늘과 새 땅을 더불어 약속하십니다.

각 장의 중요 Point

64장 _ 나의 민족 사랑
65장 _ NEW
66장 _ 레위기부터 요한계시록까지

나를 위한 기도

토기장이가 되어 나를 빚으시는 하나님의 사랑과 숨결을 느끼게 하시고 나를 만드신 목적에 합당하게 살게 하소서.

공동체를 위한 기도

하나님께서 이루실 새 하늘과 새 땅의 소망을 바라보며 하나님의 기쁨이 되는 교회 공동체가 되기를 원합니다.

전도대상을 위한 기도

하나님의 마음 알아가기

삶으로 실천하기

July
7/14

195

창세기 — 말라기

미가 1~3장

영광이 빠져버린 시온 산성

Tong Point 약자들에 대한 힘 있는 자들의 횡포가 만연해 있는 시대를 바라보시며 하나님께서는 그들을 향해 심판을 선언하십니다.

찬양

내 너를 위하여
새 찬송가 311장 〈통 185장〉

하나님의 마음 보기

미가는 이사야와 거의 동시대에 활동한 선지자입니다. 그는 하나님의 말씀을 떠나 패역하고 불의한 길에 서 있는 예루살렘과 사마리아를 향해 심판의 말씀을 선포합니다. 예루살렘은 남유다의 수도로 다윗 시대 이후부터 지금까지 정치와 행정의 중심지일 뿐만 아니라, 여호와 하나님을 섬기는 신앙의 중심지였습니다. 그런데 바로 이곳에서부터 하나님을 거역하는 죄악이 성행했던 것입니다.

미가 선지자는 먼저 우상숭배를 비롯한 종교적인 죄악을 고발하고, 곧이어 가난한 민중들을 향한 권력자들의 악행과 사회적인 죄악상을 이야기합니다. 또한 뇌물을 위하여 재판하는 우두머리, 삯을 위하여 교훈하는 제사장, 돈을 위하여 점치는 선지자들의 죄상을 구체적으로 지적합니다(미 3장). 지도자들이 백성을 위한 정치를 하는 것이 아니라 자기의 이익을 위해 각 지역의 좋은 것들을 수도로 공수하고 있음도 비판합니다. 사마리아와 예루살렘은 하나님의 은혜 가운데 발전해가는 도시가 아니라 백성의 고혈로 세운 도시가 되어갔습니다. "유다의 산당이 무엇이냐 예루살렘이 아니냐"(미 1:5)라는 미가의 외침은 예루살렘의 죄악을 바라보시는 하나님의 안타까운 외침이었습니다.

각 장의 중요 Point

1장 _ 목놓아 우는 사나이
2장 _ 사회악을 일소하라
3장 _ 말로만?

나를 위한 기도

하나님께서 단지 나의 신앙의 영역뿐만 아니라 내 생활의 모든 영역을 바라보고 계심을 깨닫습니다. 하나님의 기쁨, 하나님의 자랑이 되게 하소서.

공동체를 위한 기도

진리의 바른 복음을 선포하고 시대의 약자들을 돌봄으로써 세상에서 빛이 되고 소금으로 녹아드는 우리 공동체가 되게 하소서.

전도대상을 위한 기도

하나님의 마음 알아가기

삶으로 실천하기

July 7/15

196

창세기 — 말라기

미가 4~7장

영광이 회복될 시온 산성

Tong Point 미가는 하나님의 공의와 율법이 넘쳐날 거룩한 도시에서 이스라엘이 그에 합당한 백성으로 사는 놀라운 계획을 선포합니다.

찬양

너 시온아 이 소식 전파하라
새 찬송가 501장 〈통 255장〉

하나님의 마음 보기

미가 선지자는 이어서 율법이 선포되며 강대한 나라가 되는 예루살렘의 미래상을 예언합니다. 하나님께서 꿈꾸며 계획하시는 그날의 모습이 미가를 통해 백성 가운데 선포되고 있습니다. 어렵고 힘겨운 시간을 보낸 자들에게 하나님께서 소망의 날을 말씀하십니다. 그날에는 저는 자, 쫓겨난 자, 환난 받는 자들이 하나님의 백성이 될 것입니다. 미가는 하나님의 공의와 율법이 넘쳐나는 그 거룩한 도시에서 그에 합당한 백성으로 살아야 할 사명을 선포하며, 지금의 죄악 된 모습에서 돌이킬 것을 외치고 있습니다.

이스라엘의 회복에 대한 말씀은 미가 5장에서 절정을 이루고 있습니다. "베들레헴 에브라다야 너는 유다 족속 중에 작을지라도 이스라엘을 다스릴 자가 네게서 내게로 나올 것이라 그의 근본은 상고에, 영원에 있느니라"(미 5:2). 베들레헴이라는 작은 고을에서 이스라엘을 다스릴 큰 자가 나올 것이라는 이 약속의 말씀은 그들을 위로하기에 충분했을 것입니다. 하나님께서는 죄악 가운데 빠져 있는 백성에게도 옛 열조 아브라함과 이삭, 야곱에게 베푸셨던 성실을 동일하게 베풀어주십니다. 이러한 하나님의 마음을 헤아린 미가는 "주와 같은 신이 어디 있으리이까"(미 7:18)라고 하며 하나님을 찬양합니다.

각 장의 중요 Point

4장 _ Coming Soon
5장 _ 비전 경영
6장 _ 따로 따로!
7장 _ 다시 몸을 추스르며

나를 위한 기도

나에게 소망과 회복의 말씀을 전해주시는 하나님의 사랑의 절정에 예수 그리스도가 계심을 믿으며 기뻐하게 하소서.

공동체를 위한 기도

우리를 회복시키시며 긍휼을 베푸시는 하나님만 바라보며 의지할 수 있도록 우리 공동체를 인도하여 주소서.

전도대상을 위한 기도

하나님의 마음 알아가기

삶으로 실천하기

Worship
소그룹예배

우리 가정에 바라시는 것

이사야 46-66장, 미가

기도로 예배를 시작합니다.

이 시간, 우리가 함께 모여 하나님께 드리는 이 예배를 기뻐 받아주시고, 예배드리는 가운데 하나님의 마음과 뜻을 깨달아 알 수 있도록 지혜를 주소서.

함께 **찬양**을 부르세요.

"십자가를 질 수 있나" 새 찬송가 461장 (통 519장)

성경을 **소리 내어** 함께 읽고 오늘 본문의 **통通 이야기**를 들려주세요.

* 미가 6장 1-8절

하나님께서는 미가 선지자를 통해 이스라엘 백성이 회개하고 아름다운 신앙인의 삶으로 바뀌기를 바란다고 말씀하십니다. 형식적으로 하나님을 믿는 것이 아니라 진정으로 마음과 뜻을 다해서 하나님과 이웃을 사랑하고 그 사랑을 실천하는 삶을 바라셨습니다.

말씀을 통해 알 수 있는 **하나님의 마음**을 생각하며 함께 마음을 나눕니다.

* 하나님을 사랑하는 나의 마음을 어떻게 표현할 수 있을까요? 하나님과의 친밀한 관계를 위해 날마다 규칙적으로 할 수 있는 신앙적인 일들을 계획해봅시다.

* 이웃을 사랑하는 나의 마음을 어떻게 표현할 수 있을까요? 내가 매일 혹은 정기적으로 만나는 사람들은 누구입니까? 그들을 향해 하나님의 사랑을 어떻게 전할 수 있을까요?

서로 **축복의 말**을 함께 나눕니다.

"항상 하나님께서 바라시는 것을 할 수 있는 선한 사람이 됩시다."

함께 기도하며, 연이어 주님이 가르쳐주신 기도로 예배를 마칩니다.

하나님의 선하심과 인자하심이 우리 가운데에 충만히 임하여 주시기를 소망합니다. 주님을 신실하게 사랑하고 이웃을 겸손히 섬기며 살게 하여 주소서.

July
7/16
197

창세기 말라기

열왕기하 21~23장

왕정 총결산

Tong Point 하나님께서 경고하셨던 왕정의 폐해가 명확히 드러나고 있는 가운데, 5백 년 왕정을 총결산하는 시점이 다가옵니다.

찬양

어둔 밤 쉬 되리니
새 찬송가 330장 〈통 370장〉

하나님의 마음 보기

이사야와 미가가 활동했던 남유다의 왕 히스기야 시대가 막을 내리고, 므낫세가 왕위에 오릅니다. 므낫세의 통치 기간은 하나님께서 일찍이 말씀하셨던 왕정 제도의 폐해(삼상 8장)가 가장 적나라하게 드러난 시대라고 할 수 있습니다. 그의 행위가 얼마나 악했는지, 하나님께서는 므낫세를 향해 변개되지 않을 멸망을 선포하십니다.

므낫세가 죽고 그 아들 아몬이 왕위에 오르나, 그도 아버지의 행위를 따라 악을 행하자 신복들이 반역을 일으켜 그를 죽입니다. 그러자 백성이 다시 그 반역 세력들을 폐하고 아몬의 아들 요시야를 왕으로 삼습니다. 요시야는 8세라는 어린 나이에 왕이 되었지만, 장성한 후 그의 조부나 아버지와는 달리 하나님의 뜻대로 국가를 치리하고자 노력한 훌륭한 왕이었습니다. 요시야는 사무엘 시대 이후 한 번도 제대로 지켜지지 않았던 유월절을 다시 지켰습니다. 요시야는 남북 분열 이후 세워진 전체 40여 명의 왕들 가운데 가장 성실하게 율법을 지키려고 노력했던 왕이었습니다. 그러나 요시야의 노력에도 불구하고 하나님께서는 진노를 돌이키지 아니하십니다. 안타깝게도 요시야는 애굽 왕 느고가 전쟁을 위해 북쪽으로 올라가고자 유다 땅을 지나갈 때, 이를 막기 위해 나갔다가 전사하고 맙니다.

각 장의 중요 Point

21장 _ 열기가 채 식기도 전에 …
22장 _ 예상을 뒤엎고
23장 _ 더운 여름의 소나기처럼

나를 위한 기도

오늘도 하나님 보시기에 합당한 믿음의 일꾼으로 살아갈 때에 하나님의 뜻을 끝까지 붙들고 실천하게 하소서.

공동체를 위한 기도

비록 부패하고 타락한 시대의 한복판에 살고 있다 할지라도, 이 시대를 본받지 않고 주의 뜻대로 경건하게 살아가는 공동체가 되게 하소서.

전도대상을 위한 기도

하나님의 마음 알아가기

삶으로 실천하기

창세기 말라기

July
7/17

198

스바냐 1~3장

공의와 겸손을 구하라

Tong Point 역사의 어두움 속에서도 겸손히 하나님을 찾으며 공의와 정의를 구하는 의인들은 하나님의 보호를 받을 수 있습니다.

찬양

피난처 있으니
새 찬송가 70장 〈통 79장〉

하나님의 마음 보기

스바냐의 말씀이 선포된 때는 다윗 이후 이스라엘 왕정 가운데 하나님의 율법이 가장 잘 지켜지던 요시야 왕 시대입니다. 하지만 그의 예언 내용은 초지일관 '심판'입니다. 하나님께서는 남유다 백성의 우상숭배와 죄악을 꿰뚫어보고 계셨기 때문입니다.

스바냐는 사람들의 죄로 인해 모든 땅 위에 임하게 될 여호와의 큰 날, 여호와의 분노의 날에 대해 이야기합니다. 하나님의 심판에는 예외가 없으며, 주변의 이방 나라들까지도 그 대상이 됩니다. 다만 여호와의 규례를 지키고 공의와 겸손을 구하는 자들만이 하나님의 분노를 피할 수 있습니다. 그리고 스바냐는 온 열방이 심판을 받을 수밖에 없는 역사의 어두움 속에서도, 주의 명령을 따른다는 이유로 온갖 고난을 당하는 이들에게 끝까지 인내하기를 당부합니다. 하나님께서는 그들의 변함없는 의로움을 통하여 새로운 역사를 창조하실 놀라운 계획을 품고 계시기 때문입니다. 하나님께서는 여전히 다윗과의 약속을 기억하시고, 구원을 베푸실 전능자로서 예루살렘을 사랑하시며, 예루살렘을 인하여 기뻐하실 것을 말씀하십니다. 하나님께서는 다시 그들의 하나님이 되시며 그들이 하나님의 백성이 되는 아름다운 관계를 기대하고 계십니다.

각 장의 중요 Point

1장 _ 자, 이젠 개혁이다
2장 _ 인내할 것
3장 _ 아주 먼 옛날

나를 위한 기도

하나님께서 나에게 선한 섭리를 베푸실 때에 교만하지 않게 하시고 겸손한 열정으로 한결같이 주님을 사랑하게 하소서.

공동체를 위한 기도

역사의 어둠 속에서도 겸손히 하나님을 찾으며 공의와 정의를 구하는 하나님의 사람들이 이 민족과 나라 가운데 많아지게 하소서.

전도대상을 위한 기도

하나님의 마음 알아가기

삶으로 실천하기

July
7/18
199

창세기 말라기

하박국 1~3장

의인은 믿음으로 살리라

Tong Point 크신 경륜 가운데 세계를 움직이시며 그 가운데 공의를 행하시는 하나님을 믿는 자에게는 기쁨의 찬양이 넘쳐나옵니다.

찬양

이 눈에 아무 증거 아니 뵈어도
새 찬송가 545장 〈통 344장〉

하나님의 마음 보기

하박국은 악인들의 죄악상과 하나님의 침묵에 대해 호소합니다. 하박국은 의인의 고난과 악인의 형통은 불공평하다고 생각하면서 하나님께 왜 이런 현실을 그저 바라만 보시느냐고 질문합니다. 그러자 하나님께서는 이스라엘의 죄악을 해결하고 고치기 위해 바벨론을 준비했다고 말씀하십니다. 그러나 하나님의 계획을 다 이해하지 못한 하박국의 의문은 점점 더 커지기만 했습니다. 왜냐하면 하박국이 보기에는 심판의 도구인 바벨론이 이스라엘보다 더 악하기 때문입니다. 그래서 하박국은 "악인이 자기보다 의로운 사람을 삼키는데도 잠잠하시나이까?"라고 다시 하나님께 질문합니다. 이를 들으신 하나님께서는 역사 속에 실현될 하나님의 공의를 다시 한 번 강조하십니다. 비록 지금 눈앞에 나타난 현실이 정의롭지 못하여 하나님의 통치 영역에서 벗어난 것처럼 보일지라도, 하나님께서 온 세상을 공의로 다스린다는 것을 믿으라고 말씀하십니다.

하나님의 이 대답을 들은 하박국의 입술에서 찬양과 기도가 울려 퍼집니다. 어떠한 상황 속에서도 당신의 백성에게 긍휼을 잊지 않으시는 하나님을 신뢰하고, 가진 것이 없을지라도 오직 여호와만 있으면 기쁨이 가득하다는 고백입니다.

각 장의 중요 Point

1장 _ 의문은 빗줄기처럼
2장 _ 당신을 신뢰하기에 기다립니다
3장 _ 멋진 응답

나를 위한 기도

하나님께서 침묵하실 때 묵묵히 하나님의 '정한 때'를 기다리며 말씀과 기도를 통해 하나님의 마음을 깨닫게 하소서.

공동체를 위한 기도

크신 경륜 가운데 세계를 경영하시며 공의를 행하시는 하나님을 끝까지 신뢰하며 찬양과 영광을 올려드리는 복된 공동체가 되기를 원합니다.

전도대상을 위한 기도

하나님의 마음 알아가기

삶으로 실천하기

July
7/19
200

창세기 말라기

나훔 1~3장

열방을 향한 공의

Tong Point 요나를 통해 회복의 기회를 주셨던 하나님께서는 죄악과 포학을 행하던 앗수르 제국을 향해 엄중한 심판을 선언하십니다.

찬양

만유의 주 앞에
새 찬송가 22장 〈통 26장〉

하나님의 마음 보기

스바냐가 남유다를 향해 예언할 때, 나훔은 앗수르의 수도였던 니느웨에 대해 예언한 선지자입니다. 150여 년 전 요나의 선포를 듣고 니느웨 사람들이 회개할 때 하나님께서는 그들을 향한 심판을 뒤로 미루셨습니다. 그런데 시간이 흐르자 그들이 교만해져서 하나님을 모독하고, 제국주의를 펼치며 북이스라엘과 주변 나라들을 망하게 한 것입니다. 이에 나훔 선지자는 앗수르의 수도 니느웨를 향해 멸망을 선포합니다.

나훔은 야만적으로 주변의 민족들을 학대하는 앗수르 제국을 이곳저곳에서 닥치는 대로 사냥하는 사자에 비유합니다. 오직 심판자는 하나님 한 분뿐인데, 그들은 스스로 심판자가 되어 교만하게 행하고 포학을 저질렀던 것입니다. 아무리 크고 강한 제국이라 할지라도 세계를 경영하시는 하나님의 뜻을 저버린다면 결코 영원할 수 없습니다. 역사적으로 보면, 앗수르는 점차 세력이 약해지다가 바벨론의 느부갓네살에 의해 멸망합니다. 범람한 물로 인해 니느웨가 멸망할 것이라는 나훔의 예언대로, 니느웨 성은 홍수로 인해 일부가 파괴되었고, 그 성벽의 무너진 틈으로 바벨론인들이 침략함으로써 완전히 무너지고 만 것입니다.

각 장의 중요 Point

1장 _ 몰락의 이유
2장 _ 화려한 날은 가고
3장 _ 예고된 종말

나를 위한 기도

하나님께서 주시는 경고의 메시지를 쉽게 흘려 듣지 않게 하시고 진지한 마음으로 듣고 회개하여 구원을 얻게 하소서.

공동체를 위한 기도

심판의 하나님, 이 나라와 민족과 교회들이 하나님을 경외하며 두려워하는 마음으로 서로 섬기는 거룩한 공동체가 되게 하소서.

전도대상을 위한 기도

하나님의 마음 알아가기

삶으로 실천하기

July 7/20

201

창세기 말라기

요엘 1~3장

마음을 찢으라

Tong Point 임박한 여호와의 날 앞에서 이스라엘이 선택해야 할 생명의 길은 진실로 마음을 찢고 회개하며 하나님께로 돌아가는 것입니다.

찬양

구주께서 부르되
새 찬송가 519장 <통 251장>

하나님의 마음 보기

활동 시기가 명확하지는 않지만 브두엘의 아들 요엘은 임박한 환난과 그에 따른 회개를 촉구한 선지자였습니다. 요엘의 메시지는 하나님 앞에 범죄함으로 스스로 재앙을 부르고 있는 이스라엘 백성에게 회개를 재촉하는 내용으로, 이는 시대를 초월한 하나님의 말씀입니다. 요엘은 이스라엘 백성의 범죄로 인하여 그 땅에 징계를 내리시겠다는 하나님의 말씀을 전합니다. 그러나 곧 이어지는 말씀은 이스라엘 백성이 이제라도 금식하며 진심으로 회개하면 그 재앙을 돌이키시겠다는 것입니다. 이스라엘은 죄악으로 자신을 더럽혔지만, 하나님께서는 그들이 마음을 새롭게 하여 하나님께 돌아오기를 원하십니다. 하나님께서는 모든 사람들에게 하나님의 영을 부어주어 여호와의 이름을 부르는 그곳에 하나님의 구원이 실현되길 원하십니다. 이것이 바로 죄악의 길로 치닫는 이스라엘을 향한 하나님의 변함없는 마음입니다.

특히 각 나라들의 죄에 대한 심판이 있겠지만, 하나님께서는 "그의 백성의 피난처, 이스라엘 자손의 산성"(욜 3:16)이 되셔서, "유다는 영원히 있겠고 예루살렘은 대대로 있으리라"(욜 3:20)라는 약속의 말씀을 주십니다.

각 장의 중요 Point

1장 _ 탈출구가 없다
2장 _ 소망의 압축 파일
3장 _ 관계를 위한 포석

나를 위한 기도

매일 아침, 오늘 이 날이 하나님의 날임을 고백하며 오늘도 하나님께서 주시는 성령의 은혜로 승리하게 하소서.

공동체를 위한 기도

임박한 여호와의 날 앞에서 형식적으로 옷을 찢는 회개가 아닌, 진실로 마음을 찢고 회개하며 하나님께로 돌아가는 공동체가 되기를 원합니다.

전도대상을 위한 기도

하나님의 마음 알아가기

삶으로 실천하기

창세기 말라기

July
7/21
202

열왕기하 24장, 예레미야 1~3장

남유다에 대한 설득과 심판

Tong Point 심판이 확정되어 멸망의 문에 점점 다가서고 있는 남유다에, 예레미야가 마지막 설득을 위해 보냄을 받습니다.

찬양

부름 받아 나선 이 몸
새 찬송가 323장 〈통 355장〉

하나님의 마음 보기

요시야가 애굽과의 싸움인 므깃도 전투에서 전사하자 백성은 요시야의 둘째 아들 여호아하스를 왕으로 삼았습니다. 하지만 여호아하스는 3개월 만에 애굽 왕 느고에게 잡혀 애굽으로 끌려가고, 뒤를 이어 요시야의 큰아들 여호야김이 왕위에 오릅니다. 여호야김은 왕위에 오른 후 3년간 바벨론에 조공을 바치다가 중단합니다. 그러자 바벨론의 느부갓네살이 이에 대한 보복으로 예루살렘에 올라와 여호와의 성전 기구들을 바벨론으로 가져갑니다. 이때 끌려간 사람들이 다니엘을 비롯한 1차 바벨론 포로입니다(B.C.605). 그 후, 여호야김의 아들 여호야긴이 왕이 되자 느부갓네살이 또다시 예루살렘으로 와서 여호야긴은 물론, 나라의 권세 있는 자들을 모두 잡아갑니다. 이것이 2차 바벨론 포로(B.C.598)입니다. 그리고 남유다 땅에 남은 백성을 다스릴 자로 요시야의 막내아들인 맛다니야(시드기야)가 세워집니다. 그가 바로 남유다의 마지막 왕입니다.

한편, 오랜 세월 동안 하나님의 경고를 무시해온 예루살렘을 향한 심판은 이미 결정되었고, 선지자 예레미야가 부름을 받습니다. 예레미야에게는 남유다의 멸망과 70년간의 바벨론 포로 생활을 예언해야 하는 힘든 사명이 주어졌습니다.

각 장의 중요 Point

24장 _ 마침내 현실로
1장 _ 격동의 40년
2장 _ 얼마나 아프실까?
3장 _ 측량 불가능

나를 위한 기도

하나님께서 나의 체질을 아시고 나를 구별하여 하나님의 자녀 되게 하셨음을 감사하며 오늘도 부르심에 합당한 모습으로 살게 하소서.

공동체를 위한 기도

하나님께서 부르신 목적과 뜻에 합당한 공동체로 나아가고 있는지 늘 겸허히 우리를 돌아보게 하소서.

전도대상을 위한 기도

하나님의 마음 알아가기

삶으로 실천하기

창세기 말라기

July
7/22
203

예레미야 4~6장

패역한 남유다

Tong Point 예루살렘의 멸망을 막을 만한 의인 한 사람을 찾아볼 수 없는 남유다를 향해 하나님께서는 답답함과 안타까움을 토로하십니다.

찬양

주 예수 대문 밖에
새 찬송가 535장 〈통 325장〉

하나님의 마음 보기

하나님께서는 이스라엘을 하나님의 백성으로 삼으시고, 그들의 하나님이 되어주시겠다는 언약의 말씀을 주셨는데, 이스라엘은 하나님과의 언약을 버리고 점점 멀어져갔습니다. 이에 예레미야는 "이스라엘아 네가 돌아오려거든 내게로 돌아오라"(렘 4:1)라는 하나님의 간절한 외침을 전합니다. 그러나 이스라엘은 하나님께로 돌아올 줄을 몰랐습니다. 예루살렘의 깊어가는 죄악은 예레미야에게 깊은 슬픔의 이유가 되었습니다.

하나님께서 출애굽 이후 지금까지 이스라엘에게 요구하신 것은 나그네와 과부를 돌보고 이웃을 사랑하며 하나님만 섬기는 것이었습니다. 그러나 그들은 연약한 이웃을 압제하였고, 죄 없는 사람을 억압하였으며, 우상숭배로 하나님의 진노를 불러일으켰습니다. 선지자들은 거짓을 예언하고, 제사장들은 자기의 권력으로 백성을 다스렸습니다. 이때 하나님께서는 정의를 행하며 진리를 구하는 사람을 한 사람이라도 찾을 수 있다면 예루살렘은 심판을 받지 않을 것이라고 말씀하십니다. 그러면서도 성전에 나가기만 하면 재앙을 피할 수 있다고 착각하는 어리석은 지도자들과 백성을 향해 예레미야는 혹독한 비판의 설교를 합니다.

각 장의 중요 Point

4장 _ 창자가 뒤틀리는 아픔
5장 _ 창조적 소수
6장 _ 미래의 침입자

나를 위한 기도

이 나라가 가지고 있는 죄악과 아픔을 나의 것으로 받아들이고 나라와 민족을 위해 기도하게 하소서.

공동체를 위한 기도

우리가 하나님 아버지의 신실한 대화의 파트너가 될 수 있도록 믿음을 키우며 말씀을 깊이 알아가는 공동체가 되게 하소서.

전도대상을 위한 기도

하나님의 마음 알아가기

삶으로 실천하기

Worship
소그룹예배

믿음으로 즐거운 우리

열왕기하 21-24장, 스바냐, 하박국, 나훔, 요엘, 예레미야 1-6장

기도로 예배를 시작합니다.

이 시간, 우리가 함께 모여 하나님께 드리는 이 예배를 기뻐 받아주시고, 예배드리는 가운데 하나님의 마음과 뜻을 깨달아 알 수 있도록 지혜를 주소서.

함께 **찬양**을 부르세요.

"공중 나는 새를 보라" 새 찬송가 588장 (통 307장)

성경을 **소리 내어** 함께 읽고 오늘 본문의 **통通 이야기**를 들려주세요.

* 하박국 3장 16-19절

남유다가 멸망해가는 암울한 시대. 그러나 하박국 선지자는 오직 의인은 믿음으로 살 것이라는 하나님의 말씀을 통해 큰 위로와 소망을 얻습니다. 그리고 그의 뜨겁고 감사한 마음을 담아 구원의 하나님을 찬양하며 기뻐합니다.

말씀을 통해 알 수 있는 하나님의 마음을 생각하며 함께 마음을 나눕니다.

* 절망적인 상황들 가운데서도 내게 위로와 소망이 되는 일들이 있다면 무엇입니까? 우리가 서로에게 소망이 되고 있습니까? 또한 믿음으로 늘 기뻐하고 있습니까?

* 하박국은 시기오놋이라는 매우 격정적인 가락에 맞추어 기도하며 노래를 지었습니다. 함께 하나님께 드리는 기도의 노래를 만들어봅시다.

서로 축복의 말을 함께 나눕니다.

"하나님으로 말미암아 늘 즐거워하고 기뻐하는 우리가 됩시다."

함께 기도하며, 연이어 주님이 가르쳐주신 기도로 예배를 마칩니다.

날마다 은혜가 풍성하신 하나님의 사랑을 경험하게 하시고 우리에게 필요한 것들을 채우시는 하나님으로 인해 즐거워하고 기뻐하는 삶이 되게 해주소서.

July
7/23
204

창세기 말라기

예레미야 7~9장

주의 계명을 떠난 이스라엘

Tong Point 회개할 줄 모르는 백성, 하나님을 떠나 돌아오지 않는 백성을 향해 예레미야는 마음을 찢는 아픔을 호소합니다.

찬양

내 갈 길 멀고 밤은 깊은데
새 찬송가 379장 〈통 429장〉

하나님의 마음 보기

이스라엘 백성은 하나님 앞에서 그 길을 바르게 하지 않고, 오히려 거짓말을 하며 도둑질하고 있습니다. 또한 하나님을 섬기지 않고 바알을 숭배합니다. 하나님께서는 예레미야에게 이스라엘 백성을 위하여 간구하지도 말라 하십니다.

예레미야 9장은 예레미야와 하나님과의 대화를 통해, 예레미야가 이스라엘 백성으로 인해 얼마나 마음 아파하고 있는지를 보여주고 있습니다. 예레미야는 할 수만 있다면 다른 곳에 가서 살고 싶다고 말합니다. 자신이 목놓아 외치는 하나님의 말씀은 듣지 않고, 거짓과 죄악에 더 깊이 빠져드는 백성을 목도할 수밖에 없는 자신의 현실이 너무도 고통스러웠기 때문입니다. 그러나 이스라엘을 외면할 수 없는 것이 하나님의 마음이듯이, 예레미야 또한 하나님의 말씀을 전하는 일과 민족을 살리기 위해 몸부림치는 일을 포기할 수 없었습니다. 이스라엘 백성은 임박한 멸망의 시간이 다가오자, 그들 나름대로의 지혜와 용맹과 부(富)를 그 해결책으로 삼으려 합니다. 하지만 그런 것들은 시시각각 다가오는 멸망의 날에 그들을 구원할 수 없습니다. 유일한 해결책은 하나님을 바로 알고, 그분이 원하시는 사랑과 정의와 공의를 행하는 것입니다.

각 장의 중요 Point

7장 _ 우리는 안전하다?
8장 _ 뜨거운 눈물
9장 _ 다른 이를 위하여

나를 위한 기도

오늘도 하나님 앞에서 내가 주의 몸 된 거룩한 교회로 세워지게 하시고 주를 향한 기도로 내 영혼과 삶을 채우게 하소서.

공동체를 위한 기도

회개할 줄 모르는 백성을 향해 마음을 찢으며 호소하는 예레미야의 모습이 바로 이 시대를 향하신 하나님의 마음임을 깨닫는 공동체가 되게 하소서.

전도대상을 위한 기도

하나님의 마음 알아가기

삶으로 실천하기

창세기 말라기

July
7/24
205

예레미야 10~13장

약속을 깨뜨린 이스라엘

Tong Point '거룩한 백성 제사장 나라'의 특권과 사명을 거부하고 하나님을 떠난 이스라엘은 불순종의 결과를 책임져야 합니다.

찬양

예수 십자가에 흘린 피로써
새 찬송가 259장 〈통 193장〉

하나님의 마음 보기

예레미야는 출애굽의 하나님께서 그들과의 언약을 지금까지 붙들고 그들의 하나님이 되고자 애쓰셨던 모습을 상기하고 있습니다. 하나님께서는 신실하고 지속적인 사랑을 해오신 반면, 이스라엘 백성은 그들의 열조들이 하나님과의 언약을 파기하고 우상을 섬겼던 전철을 그대로 되풀이하여 성읍의 숫자만큼 많은 우상을 섬기고 있었습니다. 이스라엘 백성은 그들의 조상들이 하나님과의 언약을 파기함으로써 징벌을 받았음을 알고 있었음에도 또다시 하나님과의 언약을 파기했던 것입니다.

우상숭배를 자행하며 온갖 죄악을 저지르는 백성의 모습을 보며 가슴 아파했던 예레미야가 예레미야 12장에서는 그들이 전혀 회개하지 않음에도 불구하고 형통한 것에 대해 하나님께 질문을 던집니다. 마치 불의한 자의 형통에 대해 강한 불만을 토로했던 하박국의 모습을 보는 듯합니다. 이에 하나님께서는 "내가 그들을 그 땅에서 뽑아 버리겠고 유다 집을 그들 가운데서 뽑아 내리라"(렘 12:14)라고 대답하십니다. 그러나 그 땅에서 뽑아냄이 끝이 아니요, 하나님께서는 각 사람을 그 땅으로 다시 인도하여 돌아오게 하며 하나님의 이름으로 맹세하는 자를 세울 것이라고 말씀하십니다.

각 장의 중요 Point

10장 _ 우리의 장막이 부서졌다!
11장 _ 죄악의 전철
12장 _ 참사랑
13장 _ 허리띠의 운명

나를 위한 기도

나의 인생이 하나님의 계획하심 아래 있음을 믿으며 오늘도 주님의 말씀을 준행함으로 그 계획을 이루어드리는 삶이 되게 하소서.

공동체를 위한 기도

우리가 개인보다는 공동체를 먼저 생각하고 무엇보다 하나님의 경영에 삶의 우선순위를 두고 살아갈 수 있도록 도와주소서.

전도대상을 위한 기도

하나님의 마음 알아가기

삶으로 실천하기

창세기 말라기

July
7/25
206

예레미야 14~16장

마음을 돌이키라

Tong Point 거짓을 행하며 헛된 것을 좇았던 죄악을 인정하고 마음을 돌이키는 날, 이스라엘은 어둠을 밝히는 환한 빛을 보게 될 것입니다.

찬양

아버지여 나의 맘을
새 찬송가 424장 <통 216장>

하나님의 마음 보기

하나님께서는 이스라엘 백성이 하나님을 떠나 '어그러진 길을 사랑하여' 발길을 자꾸 그 길로 향하므로, 이스라엘 백성의 죄를 기억하여 그 죄를 벌하리라고 말씀하십니다. 하나님의 이러한 결심에도 불구하고 거짓 선지자들은 기근과 칼이 이르지 않을 것이며 확실한 평강이 있으리라고 거짓 예언을 합니다. 이러한 거짓 예언으로 인해 예레미야가 슬픔으로 기도를 드리자 하나님께서는 거짓 선지자들이 반드시 심판을 받으리라고 말씀하십니다.

그러나 이렇게 심판하시는 하나님의 참뜻은 이스라엘 백성이 하나님 앞에 바로 서기를 바라심입니다. 아무리 돌이키기를 기다리고 선지자를 보내도 행악에서 돌이키지 않는 이스라엘 백성이 징계를 통해서라도 회복되기를 바라시는 것입니다. 하나님께서는 그들이 "여호와 나의 힘, 나의 요새, 환난 날의 피난처"(렘 16:19)라고 고백할 날을 기다리십니다. 하나님께서 심판을 확정하셨다는 것만을 강조하다 보면 이처럼 이스라엘 백성이 다시 돌아오기를 끝내 기다리시는 하나님의 모습을 놓칠 수 있습니다. 그러나 곰곰이 하나님의 마음을 헤아려본다면 하나님의 마음이 한결같으심을 알게 됩니다.

각 장의 중요 Point

14장 _ 거절
15장 _ 다시 일어서라
16장 _ 전진을 위한 일보(一步) 후퇴

나를 위한 기도

나의 입술로 하나님의 이름을 부르면서 거짓을 말하지 않게 하시고 하나님의 선하신 뜻을 전파하는 데 쓰임 받게 하소서.

공동체를 위한 기도

우리 시대의 수많은 그리스도인들이 예레미야처럼, 하나님의 마음을 붙들고 시대를 향한 선지자적인 삶을 살게 하소서.

전도대상을 위한 기도

하나님의 마음 알아가기

삶으로 실천하기

July
7/26
207

창세기 말라기

예레미야 17~20장

남유다의 죄

Tong Point 우상숭배가 만연하고, 무죄한 자의 피를 흘리게 하고, 이방의 악습이 자행되고 있는 것이 바로 남유다의 현재 모습이었습니다.

찬양

주님의 뜻을 이루소서
새 찬송가 425장 <통 217장>

하나님의 마음 보기

하나님께서 예레미야에게 토기장이의 집을 방문하라고 말씀하십니다. 토기장이가 진흙으로 그릇을 만드는 것과 같이 하나님께서 모든 민족과 나라를 다스리시며 세우기도 하시고 멸하기도 하신다는 사실을 알게 하기 위함입니다. "너는 이 땅에서 아내를 맞이하지 말며 자녀를 두지 말지니라"(렘 16:2)라는 하나님의 명령에도 순종했던 예레미야는 예루살렘의 멸망을 전하기 위해 "함께 가는 자의 목전에서 그 옹기를 깨뜨"리는 일에도 순종합니다(렘 19:10). 토기장이의 그릇을 한 번 깨뜨리면 다시 완전하게 할 수 없듯이, 이스라엘 백성과 예루살렘 성을 완전히 멸하시겠다는 하나님의 메시지였습니다.

예레미야는 자신의 온 삶을 바쳐 예루살렘의 멸망을 전했지만, 이것은 그에게 박해와 핍박으로 되돌아옵니다. 이스라엘 백성을 향해 조국의 멸망을 선포해야만 했던 예레미야의 사역은 결코 쉽지 않았습니다. 예레미야는 하나님의 말씀을 전함으로 인하여 종일토록 치욕과 모욕거리가 되고 있는 자기 사정을 하나님께 아뢥니다. 그럼에도 불구하고 그는 하나님의 말씀을 전하는 일을 멈출 수 없었습니다. 하나님의 말씀 전하기를 멈추고자 하면 "마음이 불붙는 것 같아서"(렘 20:9)입니다.

각 장의 중요 Point

17장 _ 피할 수 없는 사건
18장 _ 도예가 하나님
19장 _ 항아리 사건
20장 _ 주께서 나를 이기셨으므로

나를 위한 기도

내 인생이 세상의 문화가 아닌 하나님의 말씀에 뿌리내리게 하시고 풍성한 삶의 열매로 기쁨이 넘치게 하소서.

공동체를 위한 기도

공의가 무너지고 무죄한 자의 피를 흘리게 하는 시대라 할지라도, 교회 공동체는 하나님의 이름을 신뢰하며 이 세상을 향한 하나님의 대안이 되게 하소서.

전도대상을 위한 기도

하나님의 마음 알아가기

삶으로 실천하기

July
7/27
208

창세기 — 말라기

예레미야 21~23장

예레미야의 설득

Tong Point 예레미야는 바벨론에 항복하고 70년의 포로 생활을 달게 받으면서, 조상 때부터 이어온 죄악을 회개하라고 간절히 설득합니다.

찬양

나 맡은 본분은
새 찬송가 595장 〈통 372장〉

하나님의 마음 보기

남유다의 멸망은 점차 현실로 다가오고 있습니다. 이러한 급박한 상황 속에서 선포되는 예레미야의 메시지는 하나님께서 결정하신 징계에 순종하여 바벨론에 항복하는 것만이 구원의 길이라는 것입니다. 남유다 멸망에 대한 예레미야의 예언은 이제 더 이상 공허한 소리가 아닙니다. 바벨론 왕 느부갓네살이 남유다를 공격하기 시작한 것입니다. 시드기야 왕은 선지자 예레미야에게 급전(急傳)을 보냅니다. 지금까지 줄곧 하나님의 명령을 무시해왔던 시드기야가 지푸라기라도 잡는 심정으로 기도 요청을 하고 있는 것입니다. 예레미야는 남유다가 하나님의 심판을 인정하고 받아들이는 것만이 유일한 구원의 길임을 알고 있었기에 시드기야에게 바벨론에게 항복할 것을 강력히 권고합니다. 그러나 시드기야는 끝까지 예레미야의 권고를 받아들이지 않고, 항복을 거부합니다.

예레미야 23장에는 미래의 왕 메시아에 대한 예언의 말씀이 선포되고 있습니다. 아첨과 거짓된 축복으로 백성을 유혹하는 왕과 제사장들을 폐하고 메시아를 보내시려는 것이 하나님의 생각이었습니다. 그 땅의 지도자들에게서 희망을 거두고 메시아를 통해 새로운 희망의 나라를 세우시겠다는 것입니다.

각 장의 중요 Point

21장 _ 항복만이 살 길이다
22장 _ 왕들에게 고함
23장 _ 희망의 싹

나를 위한 기도

나의 욕망과 욕심을 따라 삶을 살지 않게 하시고 오직 하나님의 뜻을 구하며 생명의 길로 나아가게 하소서.

공동체를 위한 기도

이 나라와 민족을 이끌어가는 위정자들이 하나님의 공의와 정의를 바로 깨닫고 성실과 진실함으로 국민들을 잘 섬기게 하소서.

전도대상을 위한 기도

하나님의 마음 알아가기

삶으로 실천하기

July
7/28

209

창세기 말라기

예레미야 24~25장

바벨론 포로로 끌려간 남유다 백성

Tong Point 바벨론에서 이스라엘을 훈련시키실 하나님께서는 포로로 끌려가는 이들을 좋은 무화과라고 하십니다.

찬양

우리 다시 만날 때까지
새 찬송가 222장 〈통 524장〉

하나님의 마음 보기

바벨론에 저항하지 말고 순순히 항복하는 것이 하나님께 구원을 받는 길임을 역설한 예레미야의 선포는 많은 거짓 선지자들과 백성의 반발을 불러일으켰습니다. 하나님의 말씀을 듣지 않고 죄를 짓고도 회개할 줄 모르던 백성은 예레미야를 강대국인 바벨론 제국의 편을 들어 나라를 배신하는 사람으로 여겼던 것입니다. 그러나 하나님의 계획은 분명하고도 확실했습니다. 비록 예레미야의 선포가 거짓 선지자들과 백성으로부터 거부당했지만, 하나님께서는 예레미야에게 '무화과 두 광주리 환상'을 보여주셔서, 그로 하여금 자신이 전하는 메시지에 확신을 갖게 하십니다.

바벨론에 끌려간 사람들을 보면서 이스라엘 땅에 남아 있는 백성은 위기를 모면했다고 안도의 한숨을 쉬었을지 모릅니다. 그러나 사실 바벨론에 끌려간 이들이 좋은 무화과요, 예루살렘에 남아 있는 백성은 나쁜 무화과입니다. 하나님께서 이미 계획하신 대로 이스라엘 백성은 바벨론으로 끌려가 70년 동안 그곳에서 바벨론 왕을 섬기게 될 것입니다. 하나님께서는 바벨론에 잡혀간 그 사람들을 희망의 씨앗으로 삼고 계십니다.

각 장의 중요 Point

24장 _ 위기를 모면했다고?
25장 _ 70년 프로젝트

나를 위한 기도

하나님께서 허락하시는 훈련의 자리에서 불평하지 않고 주님 보시기에 온전한 모습으로 변화하는 삶을 살게 하소서.

공동체를 위한 기도

하나님께서 고난의 징계를 통해 말씀하시기 전에 하나님과 바른 관계를 맺는 공동체가 되도록 옥토와 같은 마음밭을 허락하여 주소서.

전도대상을 위한 기도

하나님의 마음 알아가기

삶으로 실천하기

창세기 말라기

July
7/29
210

예레미야 26~28장

거짓 선지자들과 싸우는 예레미야

Tong Point 거짓 선지자들은 고난 없는 회복의 메시지를 전하지만 이는 하나님의 심판을 자초하는 거짓 예언이었습니다.

찬양

누가 주를 따라
새 찬송가 459장 〈통 514장〉

하나님의 마음 보기

하나님께서는 바벨론 포로 70년의 교육기간을 통해 새로운 역사를 계획하고 계십니다. 바벨론에 가서 70년간 고난의 시기를 참고, 훈련의 기간을 견디는 가운데 하나님의 은혜를 깨닫고 다시 세움 받으라는 것이 예레미야 선포의 핵심입니다. 그러나 예레미야는 성전에서 이러한 하나님의 말씀을 전하다가 남유다의 지도자들과 백성으로부터 죽임을 당할 위기를 맞이합니다. 그들은 "네가 반드시 죽어야 하리라"(렘 26:8)라고 말하며 예레미야에게 살기등등한 위협을 가합니다. 한편, 하나님께서는 예레미야에게 줄과 멍에를 메게 하면서까지 하나님의 계획을 이스라엘과 주변 열방에 전파하십니다. 그러나 시드기야 왕을 비롯한 남유다의 지도자들은 예레미야의 예언을 받아들이지 못합니다. 그들은 오히려 거짓 선지자 하나냐의 말에 환호를 보냈습니다.

거짓 선지자 하나냐는 그 시대의 백성이 무슨 말을 듣고 싶어 하는지 잘 알고 있었기에 진실이 아님에도 불구하고 남유다의 회복을 전했습니다. 하나냐를 비롯한 거짓 선지자들은 서쉿된 민유과 허황된 복을 남발하며, 성진을 통해 이익을 누리는 탐욕스러운 자들이었습니다. 하나냐는 패역한 말을 한 그해에 하나님의 심판을 받아 죽습니다.

각 장의 중요 Point

26장 _ 바벨론에 터를 놓아라
27장 _ 지금은 기도할 때
28장 _ 2년 VS 70년

나를 위한 기도

나를 향하신 하나님의 계획을 깊이 신뢰하며 오늘도 주께서 제시하시는 길을 한 걸음 한 걸음씩 걷게 하소서.

공동체를 위한 기도

우리 공동체가 참과 거짓을 잘 분별하는 지혜를 갖게 하시고, 때로 불이익을 당한다 할지라도 하나님의 뜻에 순종하게 하소서.

전도대상을 위한 기도

하나님의 마음 알아가기

삶으로 실천하기

Worship
소그룹예배

예레미야의 기도

예레미야 7-28장

기도로 예배를 시작합니다.

이 시간, 우리가 함께 모여 하나님께 드리는 이 예배를 기뻐 받아주시고, 예배드리는 가운데 하나님의 마음과 뜻을 깨달아 알 수 있도록 지혜를 주소서.

함께 **찬양**을 부르세요.

"마음속에 근심 있는 사람" 새 찬송가 365장 (통 484장)

성경을 **소리 내어** 함께 읽고 오늘 본문의 **통通 이야기**를 들려주세요.

* 예레미야 17장 12-18절

예레미야는 남유다의 죄악을 바라보며 하나님께서 말씀하신 심판과 멸망의 메시지를 전했습니다. 조국의 멸망을 전하는 예레미야의 마음은 단호하면서도 슬프고 아팠습니다. 자신의 그 안타까운 마음을 담아 하나님을 향해 무릎 꿇고 간절히 기도합니다.

말씀을 통해 알 수 있는 **하나님의 마음**을 생각하며 함께 마음을 나눕니다.

* 우리나라의 아픔과 또한 해결해 나가야 할 문제들이 무엇인지 같이 나누어보고 나라를 위한 기도를 드립시다.

* 예레미야는 하나님께서 자신에게 주신 사명을 감당하기 위해 어떠한 상황에서도 하나님의 말씀을 끝내 따랐습니다. 하나님께서 우리에게 주신, 끝까지 가져가야 할 사명은 무엇입니까?

서로 **축복의 말**을 함께 나눕니다.

"우리나라와 내가 속한 공동체에 유익을 주는 사람이 됩시다."

함께 기도하며, 연이어 주님이 가르쳐주신 기도로 예배를 마칩니다.

우리나라의 아픔과 슬픔 가운데 함께하셔서 위로와 치유의 역사를 베풀어주시고, 하나님의 용서와 구원의 은총으로 새롭게 거듭나게 하여 주소서.

July
7/30

211

창세기 말라기

예레미야 29~31장

끌려간 남유다 백성에 대한 설득

Tong Point 예레미야는 포로 기간이 70년이며, 하나님의 큰 뜻이 있음을 바벨론으로 끌려간 백성에게 편지로 전합니다.

찬양

우리가 지금은 나그네 되어도
새 찬송가 508장 〈통 270장〉

하나님의 마음 보기

나라를 잃고 바벨론 포로로 끌려간 이스라엘 백성은 좌절의 나날을 보내고 있었습니다. 예레미야는 왜 그들이 바벨론 포로로 끌려갔는지, 그리고 그곳에서 어떻게 살아야 하는지를 편지로 적어보냈습니다. 편지 내용은 바벨론 포로 생활의 기간이 70년으로, 결코 짧지 않다는 것입니다. 그러니 그곳에서 집을 짓고 과일나무를 심으며, 결혼하여 자손을 낳으라고 말합니다. 그리고 바벨론 성의 평안을 위하여 기도하라고 합니다. 마침내 70년의 기간이 차면 하나님께서는 약속하셨던 것과 같이 이스라엘 백성을 예루살렘으로 돌아오게 하실 것입니다. 이것이 이스라엘을 향한 하나님의 생각입니다. 당시의 상황만 보았을 때 예레미야의 노력은 크게 영향력을 미치지 못한 것처럼 보입니다. 그러나 이후에 보면 예레미야가 보낸 이 편지를 읽고 다니엘을 비롯한 여러 사람들이 긴 기간 동안 기도와 신앙으로 인내하며 훈련되었다는 것을 확인할 수 있습니다.

한편 하나님께서는 예레미야에게 이스라엘이 다시 열조의 땅으로 돌아올 것이라는 약속을 기록하게 하십니다. 하나님께서는 이스라엘에게 심판을 선포하였지만 징계의 기간이 끝난 후 이스라엘을 다시 회복시켜주시겠다는 약속 또한 주십니다.

각 장의 중요 Point

29장 _ 포로들에게 보내는 편지
30장 _ 약속, 삶의 비전
31장 _ 꿈의 공동체

나를 위한 기도

오늘도 삶의 주변 환경이 아닌 하나님의 약속의 말씀에 인생의 기초를 두고 그리스도의 향기로 살아가게 하소서.

공동체를 위한 기도

민족을 치유하시는 하나님을 믿음으로 바라보며 먼저 회개하고 하나님의 때를 기다리는 교회 공동체가 되게 하소서.

전도대상을 위한 기도

하나님의 마음 알아가기

삶으로 실천하기

July
7/31
212

창세기 말라기

예레미야 32~33장

이스라엘의 회복에 대한 약속

Tong Point 이스라엘이 비록 지금은 바벨론의 억압 아래 있지만, 하나님께서는 예레미야를 통해 이스라엘의 회복을 약속하십니다.

찬양

주의 확실한 약속의 말씀 듣고
새 찬송가 267장 〈통 201장〉

하나님의 마음 보기

남유다의 마지막 왕인 시드기야는 바벨론 제국에 의해 세워진 왕입니다. 그러나 그는 이스라엘이 바벨론으로부터 자유롭게 되리라는 생각으로 바벨론 제국에 저항하였고, 그 결과 바벨론 군대가 예루살렘을 점령하기 위해 그곳을 둘러싸고 진을 친 상황입니다. 이 무렵 예레미야는 남유다 왕의 궁중에 있는 시위대 뜰에 갇혀 있었습니다. 예루살렘이 하나님의 징계를 받아 바벨론에 의해 멸망하고 시드기야가 바벨론으로 끌려갈 것이라고 예레미야가 예언했기 때문입니다. 그때 예레미야의 숙부의 아들 하나멜이 시위대 뜰로 예레미야를 찾아와 아나돗에 있는 밭을 팝니다. 예레미야는 은 17세겔을 달아 주고 그 땅에 대한 증서를 받습니다. 이는 비록 지금은 예루살렘이 바벨론에 의해 멸망하지만, 계획된 훈련 기간이 끝나면 "사람이 이 땅에서 집과 밭과 포도원을 다시 사게 되리라"(렘 32:15)라는 하나님의 약속을 나타내는 행동이었습니다.

그리고 예레미야 33장에서 예레미야는 다시 예루살렘의 회복을 예언하기 시작합니다. 징계와 함께 다가올 미래의 희망을 미리 노래한 것입니다. 하나님께서는 "크고 은밀한 일"(렘 33:3)을 이루시는 분이기 때문입니다.

각 장의 중요 Point

32장 _ 그들의 귀엔 아무것도 들리지 않았다
33장 _ 부흥

나를 위한 기도

절망 가운데 빠져 있는 나를 향해 하나님께서는 여전히 놀라운 희망을 품고 계심을 믿으며 살게 하소서.

공동체를 위한 기도

비록 바벨론에 포로로 끌려가 있지만, 이스라엘의 회복을 약속하신 하나님의 긍휼과 자비가 오늘날 하나님의 교회 공동체 가운데에도 충만하게 하소서.

전도대상을 위한 기도

하나님의 마음 알아가기

삶으로 실천하기

8

August

August
8/1
213

창세기 말라기

예레미야 34~36장

포위 중 항복을 위한 설득

Tong Point 예레미야는 예루살렘이 바벨론에 포위된 상황에서 시드기야에게 하나님을 신뢰하고 바벨론에 항복하라고 설득합니다.

찬양

예수 따라가며
새 찬송가 449장 〈통 377장〉

하나님의 마음 보기

예레미야 34장에서는 예루살렘 멸망에 대한 예언이 더 구체화되고 있습니다. 예루살렘은 파괴될 것이며, 시드기야 왕은 바벨론으로 사로잡혀 가리라는 것입니다. 이제는 선택의 여지가 없습니다. 역사의 흐름을 주관하시는 하나님께 순종해야 합니다.

예레미야 35-36장은 시간을 거슬러 올라가 이전 여호야김 시절에 있었던 사건을 기록하고 있습니다. 예레미야가 하나님의 말씀을 말로 선포할 수 없는 처지에 놓였을 때, 하나님께서는 그로 하여금 글을 쓰게 하셨습니다. 비록 예레미야는 종이에 글을 썼지만, 그것은 사실 이스라엘의 심비(心碑)에 말씀을 새기고자 하시는 하나님의 열심이었습니다. 그 두루마리가 겨울 궁전에 있는 여호야김에게 보내졌지만, 여호야김은 그 소중한 두루마리를 화로 불에 던져 버렸습니다. 그것은 그동안 예레미야의 말씀을 거절했던 이스라엘 지도자들의 결정적인 행동으로, 더 이상 예레미야의 말을 듣지 않겠다는 확고한 표현이었습니다. 비록 두루마리의 내용은 경고와 징계였지만 이것은 이스라엘이 회개하고 돌이오기를 바라시는 하나님의 마음이었습니다.

각 장의 중요 Point

34장 _ 던져진 주사위
35장 _ 아름다운 유언
36장 _ 불태워진 러브레터

나를 위한 기도

오늘도 하나님의 말씀으로 나의 영혼이 자유함을 누리게 하시고 내 주변에 있는 사람들에게 복음이 주는 자유를 전하게 하소서.

공동체를 위한 기도

이해되지 않는 상황이라 할지라도 모든 상황을 이끌어가시는 하나님의 섭리를 바로 깨닫고 하나님께 설득되는 공동체가 되게 하소서.

전도대상을 위한 기도

하나님의 마음 알아가기

삶으로 실천하기

August
8/2
214

창세기 — 말라기

예레미야 37~38장

예레미야의 수난

Tong Point 자신의 아픔보다도 하나님의 아픔에 더 귀 기울였던 예레미야는 핍박 속에서도 하나님의 말씀을 성실하고 진실되게 전합니다.

찬양

어느 민족 누구게나
새 찬송가 586장 〈통 521장〉

하나님의 마음 보기

이제 예루살렘을 제외한 남유다의 모든 지역이 바벨론으로 다 넘어간 상황입니다. 예루살렘 성 전체를 둘러싸고 있는 바벨론의 압박이 임계점에 다다르고 있습니다. 상황이 급박해지자 시드기야가 예레미야에게 신하들을 보내 다가올 일에 대해 묻습니다. 그러나 예레미야는 이전과 동일하게 예루살렘의 멸망을 예언하고, 그로 인해 또다시 감옥 뜰에 갇힙니다. 그러던 어느 날, 시드기야가 예레미야를 비밀리에 불러와 앞으로의 일에 대해 다시 묻습니다. 예레미야는 하나님께서 "네가 만일 바벨론의 왕의 고관들에게 항복하면 네 생명이 살겠고 이 성이 불사름을 당하지 아니하겠고 너와 네 가족이 살려니와"(렘 38:17)라고 말씀하셨다고 전합니다. 그러나 시드기야는 자기가 항복하면 이미 느부갓네살에게 잡혀 간 유대인들이 자신을 조롱할까봐 두렵다고 말하며 예레미야의 간절한 설득을 끝내 듣지 않습니다.

이로써 예레미야가 그토록 호소했던 마지막 기회가 완전히 상실되고 맙니다. 예루살렘이 멸망한다는 사실은 뒤바뀔 수 없었지만, 인명 피해와 성전과 성내의 파괴를 최소한으로 줄일 수 있는 기회를 놓치게 된 것입니다. 이제 시드기야와 지도층들은 그들의 선택에 대한 결과를 고스란히 맞이하게 됩니다.

각 장의 중요 Point

37장 _ 설득되는 것도 지혜입니다
38장 _ 최후 통첩

나를 위한 기도

내가 믿음으로 감당해야 할 일들이 불합리해 보일 때에 불평하거나 거부하지 않고 겸손히 따를 수 있게 하소서.

공동체를 위한 기도

자신의 아픔보다도 하나님의 마음에 더 집중했던 예레미야처럼, 이 시대 하나님의 종들이 하나님의 아픔에 귀를 기울이게 하소서.

전도대상을 위한 기도

하나님의 마음 알아가기

삶으로 실천하기

창세기 말라기

August
8/3

215

열왕기하 25장, 예레미야 39~41장

예루살렘 멸망

Tong Point 심판을 자초한 남유다는 하나님의 심판의 도구인 바벨론에 의해 멸망하고 결국 포로로 끌려가는 안타까운 결말을 맞이합니다.

찬양

어디든지 예수 나를 이끌면
새 찬송가 440장 〈통 497장〉

하나님의 마음 보기

바벨론 군대가 예루살렘 성을 포위한 지 1년 6개월 만에 결국 예루살렘이 바벨론에 함락됩니다. 바벨론 군인들은 시드기야 왕이 보는 앞에서 그의 두 자녀를 죽이고 그의 두 눈을 뽑습니다. 그리고 시드기야를 사슬로 결박해서 바벨론으로 끌고갑니다. 포로로 잡혀가던 중 라마에서 자유의 몸이 된 예레미야는 가나안 땅에 남아 있는 백성에게로 발걸음을 돌립니다. 바벨론의 시위대장 느부사라단은 예레미야를 알아보고, 만일 예레미야가 바벨론으로 함께 가면 선처하겠다는 약속을 했습니다. 그러나 예레미야는 그의 동포들에게로 돌아가는 선택을 합니다.

예루살렘의 멸망을 기점으로 예레미야의 메시지는 이제 이스라엘 땅에 남아 있는 백성을 향해 선포됩니다. 바벨론 왕은 그다랴(그달리야)를 유다 땅의 지도자로 세우고, 그다랴는 바벨론을 통해 역사하시는 하나님의 섭리에 순응하자고 이스라엘에 남아 있는 백성을 독려합니다. 그러나 예레미야의 선포대로 상황이 전개됨에도 불구하고 아직도 하나님의 뜻을 깨닫지 못하는 반(反)바벨론주의자들이 총독 그다랴를 암살함으로 말미암아 이스라엘은 더욱 큰 혼란과 위기에 빠지고 맙니다.

각 장의 중요 Point

25장 _ 눈물의 성(城)
39장 _ 그들은 모두 어디로 갔습니까?
40장 _ 선택의 기준
41장 _ 무지몽매(無知蒙昧)한 자들이여!

나를 위한 기도

오늘도 하나님의 말씀에 순종하며 이 민족과 이웃을 뜨겁게 사랑하고 중보하는 하루가 되게 하소서.

공동체를 위한 기도

인간적인 생각과 이기적인 욕심을 좇아 사는 것이 아니라, 하나님의 편에 항상 서서 하나님의 세계경영에 동참하는 공동체가 되기를 원합니다.

전도대상을 위한 기도

하나님의 마음 알아가기

삶으로 실천하기

August
8/4
216

창세기 말라기

예레미야 42~45장

남겨진 남유다 백성의 행동

Tong Point 징계를 달게 받아야 할 남유다 백성이 애굽으로 도망하려 하지만, 그것은 하나님께 대한 또 다른 불순종이었습니다.

찬양

너 예수께 조용히 나가
새 찬송가 539장 <통 483장>

하나님의 마음 보기

거짓과 암살이 난무하는 가운데 유다 땅의 총독이 그다랴, 이스마엘, 요하난으로 이어지고, 남유다의 남은 백성은 바벨론을 두려워하기 시작합니다. 이때 바벨론을 피해 애굽으로 도망하려는 사람들에게 하나님께서는 애굽으로 가지 말고 이스라엘 땅에 남으라고 명령하십니다. 그러나 예루살렘에 남은 유대인들은 여전히 하나님의 말씀을 받아들이지 않고 애굽으로 내려갑니다. 그들의 생각에는 애굽의 군대가 자신들을 보호해줄 것 같았기 때문입니다. 예루살렘이 멸망할 수밖에 없는 원인은 바로 이스라엘 백성이 하나님보다는 다른 이방 신들과 우상들을 따르고 섬겼던 것에 있었습니다. 남유다의 남은 백성은 조국의 멸망 원인을 자신들의 죄악에서 찾고 회개해야 했지만 그 멸망의 역사를 교훈으로 받아들이지 못하고 어리석은 선택을 반복합니다.

예레미야 45장에는 36장에 나왔던 바룩이라는 인물의 이야기가 한 번 더 등장합니다. 그는 예레미야가 어렵고 힘든 환경에 놓였을 때에 예레미야와 함께했던 진실한 친구 중 하나입니다. 바룩은 예레미야가 눈물과 고통을 참아야 했던 시간에 가장 가까운 곳에서 그와 함께했습니다.

각 장의 중요 Point

42장 _ 정신차려
43장 _ 애굽행의 비애(悲哀)
44장 _ 단호한 결심 - 우상을 섬기리라(?)
45장 _ 그 사람을 그대는 가졌는가?

나를 위한 기도

두려움이 엄습할 때 세상의 강한 것을 의지하기보다 나와 함께하시는 하나님에 대한 확고한 믿음을 가지고 주를 의지하게 하소서.

공동체를 위한 기도

해석되지 않는 고난의 상황 속에서 편협하고 한계가 많은 우리의 생각과 판단을 따르기보다는 하나님을 신뢰하며 나아가는 공동체가 되게 하소서.

전도대상을 위한 기도

하나님의 마음 알아가기

삶으로 실천하기

August
8/5

217

창세기 말라기

예레미야 46~48장

열방에 대한 심판

Tong Point 하나님은 모든 족속의 주인으로서 열방을 향해 심판을 선포하는 분이시며, 우리의 모든 생각과 경험을 넘어서는 분이십니다.

찬양

저 높은 곳을 향하여
새 찬송가 491장 〈통 543장〉

하나님의 마음 보기

예레미야 46-51장을 통해 이방 국가에 대한 예언이 선포됩니다. 이 선언은 바벨론의 침략 앞에서 애굽을 의지하려고 했던 백성에게 하나님 아닌 다른 어떤 누구도 이스라엘을 구원할 수 없다는 메시지를 주고 있습니다. 먼저 등장한 애굽의 심판은 후대에도 기억되는 역사로 남게 됩니다. 애굽은 예레미야의 예언대로 결국 바벨론의 침공을 받아 폐허가 됩니다. 또한 이스라엘과 늘 긴장관계를 유지하며 지내왔던 모압이 심판을 선언받고 있습니다. 그들이 지금 누리고 있는 평화와 풍요는 하나님께서 허락하신 것이기에 그들은 하나님을 기억하고 감사하며 살아야 했습니다. 그러나 모압은 그모스를 택해 신으로 섬겨왔고, 이는 하나님의 심판을 피할 수 없는 결과로 이어졌습니다.

한편, 바벨론 군대에 의해 짓밟힌 예루살렘의 현재 모습은 절망스러운 모습입니다. 그럼에도 불구하고 예루살렘의 현실을 직시하고 있는 예레미야가 놀라운 희망을 품을 수 있었던 이유는 역사의 앞날을 향한 하나님의 계획을 바라보고 있기 때문입니다. 하나님께서는 예레미야를 통해 약속하신 말씀을 기억하시며, 포로로 끌려갔던 이스라엘 백성을 다시 예루살렘으로 돌아오게 하실 것입니다.

각 장의 중요 Point

46장 _ 제국의 종말
47장 _ 두려움의 씨앗을 제거하라
48장 _ 배은망덕(背恩忘德)

나를 위한 기도

연약한 나를 향한 하나님의 사랑이 늘 한결같으심을 믿고 하나님의 넉넉한 도우심을 의지하게 하소서.

공동체를 위한 기도

우리 모든 인생들의 경험과 생각을 뛰어넘으시며, 그 놀라운 경륜으로 온 세상을 경영해가시는 하나님의 이름을 높여드리는 공동체가 되게 하소서.

전도대상을 위한 기도

하나님의 마음 알아가기

삶으로 실천하기

Worship
소그룹예배

물 댄 동산 같은 즐거움

예레미야 29-48장, 열왕기하 25장

기도로 예배를 시작합니다.

이 시간, 우리가 함께 모여 하나님께 드리는 이 예배를 기뻐 받아주시고, 예배드리는 가운데 하나님의 마음과 뜻을 깨달아 알 수 있도록 지혜를 주소서.

함께 **찬양**을 부르세요.

"주여 지난밤 내 꿈에" 새 찬송가 490장 (통 542장)

성경을 **소리 내어** 함께 읽고 오늘 본문의 **통通 이야기**를 들려주세요.

* 예레미야 31장 10-14절

남유다를 멸망으로 심판하실 하나님께서 장래에 그들을 다시금 귀환시키셔서 회복된 제사장 나라로 살아가게 할 것이라는 소망의 메시지를 주십니다. 그 날에는 모든 동물들까지도 기뻐하고 백성의 마음은 물 댄 동산처럼 풍성한 회복을 경험할 것입니다.

말씀을 통해 알 수 있는 **하나님의 마음**을 생각하며 함께 마음을 나눕니다.

* 미래에 대한 계획과 소망을 가지고 사는 사람은 행복한 사람입니다. 당신이 꿈꾸며 기대하고 있는 미래는 무엇입니까?

* 예레미야는 특별히 백성의 마음이 회복되는 은총을 말하고 있습니다. 우리의 마음이 날마다 물 댄 동산처럼 회복과 풍요로움을 맛보기 위해 필요한 것은 무엇입니까?

서로 **축복의 말**을 함께 나눕니다.

"당신의 마음이 물 댄 동산처럼 풍요롭기를 축복합니다."

함께 기도하며, 연이어 주님이 가르쳐주신 기도로 예배를 마칩니다.

우리의 영혼이 주님께서 내리시는 복과 은혜로 늘 기뻐하게 하시고, 우리 공동체가 물 댄 동산처럼 생명을 유지하고 키워가게 하여 주소서.

August 8/6

218

창세기 — 말라기

예레미야 49~50장

세계를 향한 심판

Tong Point 암몬, 에돔, 데만, 다메섹 등 수많은 나라들에 대한 심판 선언 가운데에는 그들을 향한 하나님의 관심과 사랑이 담겨 있습니다.

찬양

주 우리 하나님
새 찬송가 14장 〈통 30장〉

하나님의 마음 보기

모압 심판 예언에 이어 암몬을 비롯한 남유다 주변국들에 대한 심판과 멸망의 메시지가 계속해서 선포되고 있습니다. 하나님께서 모압을 심판하실 때 사용하셨던 기준인 우상숭배와 교만은 다른 이방 민족들에 대한 심판에서도 동일하게 적용됩니다. 하나님을 떠나 헛된 우상을 따르고 자신의 힘을 믿는 그들에게 하나님께서 진노하신 것입니다.

이어지는 예레미야 50장은 바벨론의 심판과 이스라엘의 회복에 대한 예언입니다. 이스라엘은 그 죄악으로 말미암아 하나님의 심판을 받아야 했고, 하나님께서는 그 심판의 도구로 앗수르와 바벨론 같은 이방 민족을 사용하셨습니다. 그런데 하나님의 역사는 여기에서 멈추지 않습니다. 곧 바벨론은 하나님의 준엄한 심판을 받으며 그들이 행한 악에 대하여 보응을 받게 되리라는 예언이 예레미야를 통하여 선포됩니다. 하늘을 진동시킬 듯한 기세로 역사 속에 등장했던 대제국도 하나님의 손에 붙들려 있는 막대기에 지나지 않습니다. 하나님께 쓰임 받은 심판의 도구일지라도 하나님 앞에서 교만하고 하나님 뜻에 합당하지 않다면 심판을 받게 됩니다. 세상을 지배하는 제국도 오직 하나님의 계획 가운데 그 흥망성쇠가 결정되는 것입니다.

각 장의 중요 Point

49장 _ 심판의 척도(尺度)
50장 _ 악의 꽃

나를 위한 기도

낮은 자를 높이시고 약한 자에게 힘을 주시는 분이 하나님이심을 인정하며 오늘도 하나님의 능력을 의지하게 하소서.

공동체를 위한 기도

우리 공동체가 하나님이 모든 족속의 주인이시며, 온 열방을 심판하는 분이심을 깨달아 하나님을 경외하는 공동체가 되게 하소서.

전도대상을 위한 기도

하나님의 마음 알아가기

삶으로 실천하기

August
8/7
219

창세기 ——— 말라기

예레미야 51~52장

하나님의 심판

Tong Point 자비와 사랑의 하나님께서는 이스라엘을 향한 심판과 남은 자를 통한 회복을 통해 구원을 위한 놀라운 계획을 진행하십니다.

찬양

하늘 가는 밝은 길이
새 찬송가 493장 〈통 545장〉

하나님의 마음 보기

하나님의 손에 들려 있는 막대기에 지나지 않았던 바벨론의 심판과 멸망이 선포됩니다. 당시 이스라엘 백성에게 이것은 놀라운 사건이었습니다. 바벨론처럼 막강한 나라가 망한다는 것은 상상하기 힘든 일이었기 때문입니다. 예레미야는 이스라엘 백성을 향해 하나님께서 세우신 계획의 장대함을 들려주며 바벨론의 멸망 뒤에 찾아올 이스라엘의 회복까지도 예언하였습니다.

예레미야 52장은 예레미야 39장, 열왕기하 25장과 더불어 예레미야애가의 배경이 됩니다. 바벨론 군대는 예루살렘 성을 정복하자, 여호와의 성전과 왕궁과 예루살렘의 모든 집을 불살랐으며, 사면 성벽들을 모두 헐어버렸습니다. 또 여호와의 성전에 있던 기구들을 깨뜨리거나 금, 은, 놋그릇들은 모두 바벨론으로 가져갔습니다. 바벨론 군인들은 예루살렘 성이 정복되자 성안으로 달려들어 무차별하게 사람을 죽이고, 약자를 폭행하고, 성에 불을 질렀습니다. 철옹성과 같았던 예루살렘 성이 이제는 모두 무너져 내리고, 지나가는 들짐승들의 위협을 받는 땅이 되어버렸습니다. 약한 자들이 보호받을 수 있는 장치는 모두 무너졌고, 예루살렘 성에 사는 백성은 온갖 위험 가운데 방치될 수밖에 없었습니다.

각 장의 중요 Point

51장 _ 기대하고 기도하고 기다리라
52장 _ 물거품이 될지라도

나를 위한 기도

나의 인생이 하나님의 손안에 있음을 늘 기억하게 하시고 오늘도 겸손히 말씀 안에서 행하게 하소서.

공동체를 위한 기도

혼란과 어려움이 가득한 절망 가운데 있을지라도 하나님께서 주시는 소망으로 새롭게 시작할 수 있는 힘과 용기를 우리 공동체에 허락하소서.

전도대상을 위한 기도

하나님의 마음 알아가기

삶으로 실천하기

August
8/8
220

창세기 — 말라기

예레미야애가 1~2장

무너지는 예루살렘

Tong Point 하나님과의 만남의 상징, 생명의 상징인 예루살렘의 멸망을 보며 예레미야가 흘리는 눈물은 곧 하나님의 눈물과도 같았습니다.

찬양

내 모든 시험 무거운 짐을
새 찬송가 337장 〈통 363장〉

하나님의 마음 보기

예레미야애가는 예루살렘 성이 무너진 후, 그 처참한 광경을 바라보며 아파한 예레미야의 슬픈 노래입니다. 왕과 많은 백성이 바벨론으로 끌려가고, 예루살렘 성안에서도 많은 사람이 죽임을 당했습니다. 참으로 처절하도록 가슴 아픈 모습이었습니다. 하나님의 심판 현장을 바라보는 예레미야의 눈에서 하염없이 눈물이 흘러내리고 있습니다. 눈앞에 펼쳐진 역사의 현장을 보니 슬픔이 가슴을 짓누르고, 과거의 영광을 생각하니 눈물이 앞을 가립니다.

불타는 성읍, 그 거리 한가운데서 배고픔으로 인해 울부짖다가 죽어간 어린 아이들을 보며 예레미야의 눈물은 그칠 줄 모릅니다. 항복하라는 예레미야의 예언을 멸시하던 지도자들은 어디에도 보이질 않고, 모욕과 비방을 들으면서도 끝까지 하나님의 말씀을 외쳤던 선지자 예레미야만이 잿더미가 된 성읍을 배회하며 울부짖고 있습니다. 하나님의 눈물을 자신의 눈물로 흘렸던 예레미야는 예루살렘 성전의 함락 이후 이스라엘 백성이 당하는 고통을 자신의 온몸에 고스란히 채우고 있습니다. 예루살렘의 고난을 자신의 슬픔으로 삼은 예레미야는 하나님의 진노의 매에 맞아 고난을 당하는 자가 바로 자기 자신이라고 말합니다.

각 장의 중요 Point

1장 _ 저 하늘에 슬픔이
2장 _ 절망의 그늘에 앉아

나를 위한 기도

소망이 없을 때에도 낙심하지 않고 하나님의 이름을 부르며 살게 하시고 회복시키시는 주님을 기대하게 하소서.

공동체를 위한 기도

세계 도처에서 일어나는 아픔과 고통을 나의 아픔과 고통으로 느끼며 함께 기도하는 공동체가 되게 하소서.

전도대상을 위한 기도

하나님의 마음 알아가기

삶으로 실천하기

August 8/9

221

창세기 ― 말라기

예레미야애가 3~5장

소망 – 주의 인자와 긍휼

Tong Point 이스라엘이 당한 고난이 하나님의 본심이 아님을 알기에, 예레미야의 깊은 중심에는 진정한 소망이 움트고 있습니다.

찬양

나의 기쁨 나의 소망 되시며
새 찬송가 95장 〈통 82장〉

하나님의 마음 보기

예레미야는 고초와 재난으로 인한 낙심의 한가운데서 오히려 소망을 발견합니다. 예루살렘의 멸망이 완전한 실패를 의미하지는 않았기 때문입니다. 이스라엘 백성이 다 멸절된 것이 아니고, 남은 자들이 있었던 것입니다. 예루살렘에서 죽지 않고 바벨론에 끌려갔던 자들이 바로 그들입니다. 하나님께서는 그들을 새로운 소망의 씨앗으로 준비하고 계셨습니다. 이것을 발견한 예레미야는 "여호와의 인자와 긍휼이 무궁하시므로 우리가 진멸되지 아니함이니이다"(애 3:22)라고 찬양합니다.

예레미야는 성이 불타는 모습과 죽어가는 노인들과 아이들을 바라보며 고통스러워하면서도 하나님의 깊은 경륜에 대한 소망을 놓지 않습니다. 밤새워 슬퍼하고 속을 끓이지만, 아침에 눈을 뜨며 하나님의 긍휼로 인해 살아남은 사람들을 소망으로 여기고, 하나님이 주신 희망을 노래합니다. "그가 비록 근심하게 하시나 그의 풍부한 인자하심에 따라 긍휼히 여기실 것임이라 주께서 인생으로 고생하게 하시며 근심하게 하심은 본심이 아니시로다"(애 3:32-33). 이후 이스라엘의 역사를 보면, 예레미야처럼 황폐화된 성읍을 자신의 아픔으로 깊이 받아들인 느헤미야 같은 사람들에 의해 예루살렘 성읍이 다시 세워지는 것을 볼 수 있습니다.

각 장의 중요 Point

3장 _ 마음과 손을 하나님께 들자
4장 _ 불타버린 희망
5장 _ 하나님의 실패는 없습니다

나를 위한 기도

어떤 일에 중대한 실수를 했을 때 후회하는 것으로 끝내지 않고 반성하고 다시 시작할 수 있는 마음을 갖게 하소서.

공동체를 위한 기도

예레미야가 하나님의 본심을 알았기에 진정한 소망을 품을 수 있었듯이, 하나님의 본심을 알아가는 교회 공동체가 되게 하소서.

전도대상을 위한 기도

하나님의 마음 알아가기

삶으로 실천하기

August
8/10
222

창세기 말라기

오바댜 1장

형제가 환난당하는 날

Tong Point 이스라엘이 고통당하는 날, 형제의 환난을 슬퍼하기보다는 오히려 즐거워했던 에돔족을 향해 하나님의 심판이 선언됩니다.

찬양

물 위에 생명줄 던지어라
새 찬송가 500장 〈통 258장〉

하나님의 마음 보기

오바댜는 이스라엘이 당하는 고난을 오히려 즐기며 기뻐했던 에서의 후손인 에돔족에 대한 심판을 예언하고 있습니다. 에돔족은 에서의 후손입니다. 그러므로 에돔은 이스라엘과 형제국이라고 할 수 있습니다. 하지만 에서와 야곱이 서로 불화했듯 그들의 후손인 에돔 족속과 이스라엘 백성도 그리 좋은 관계는 아니었습니다.

하나님께서 에돔에게 멸망을 선고하신 이유는 그들이 칼을 들고 그의 형제를 쫓았기 때문입니다. 에돔족은 바위 틈 요새에 거하며 그 중심에 교만이 가득했던 자들이었습니다. 에돔족은 형제의 나라인 이스라엘이 위기에 처하자, 형제를 돕기는커녕 오히려 형제가 더 큰 어려움에 처하도록 적에게 정보를 넘겼습니다. 에돔이 형제 국가 이스라엘이 멸망하는 것을 기뻐하고 이에 협조했기에 하나님께서 진노하신 것입니다. 하나님께서는 에돔족의 '멸절'까지 언급하실 정도입니다. 이웃의 아픔을 방치하는 방관자이며, 형제의 고통을 가중시키는 핍박자였던 에돔은 하나님의 심판을 받게 됩니다. 형제를 소중히 여기지 않고 신뢰와 화평을 만들어 가지 못한 그들이 자초한 결과입니다.

각 장의 중요 Point

1장 _ 형제의 자세

나를 위한 기도

하나님께서 나에게 허락하신 형제자매의 삶이 주님 앞에서 좋은 인생이 되도록 마음을 다해 축복하고 돕게 하소서.

공동체를 위한 기도

남의 고통을 내 기쁨으로 삼는 어리석음을 범치 않고 서로를 지켜주고 위로하는 공동체가 되게 하소서.

전도대상을 위한 기도

하나님의 마음 알아가기

삶으로 실천하기

August
8/11
223

창세기 … 말라기

역대상 1~3장

다윗의 계보

Tong Point 이스라엘의 역사가 담긴 계보를 읽으며, 그 긴 역사의 길을 인생들과 함께 묵묵히 동행해주신 은혜의 하나님을 만나게 됩니다.

찬양

지금까지 지내온 것
새 찬송가 301장 〈통 460장〉

하나님의 마음 보기

역대상 1-9장까지는 아담에서부터 시작된 이스라엘의 계보가 나열되어 있습니다. 이스라엘의 계보를 기록하고 있는 이 역대기는 그들의 기원과 역사의 시작부터 그들과 함께하신 하나님의 섭리를 보여주고 있습니다.

역대상 2장에 이르면 이스라엘의 아들들 열두 명의 이름이 언급됩니다. 태초로부터 시작된 하나님의 역사가 이제 야곱과 그의 열두 아들로 구체화되고 있는 것입니다. 특히 2장부터 4장까지는 이스라엘의 넷째 아들인 유다의 자손을 소개함으로써 하나님께서 세우신 유다 지파 중심의 리더십이 이후 어떻게 진행되는지에 관심을 집중하고 있습니다. 이어지는 역대상 3장에는 이스라엘의 왕정이 자리를 잡는 데 핵심적 역할을 했던 다윗과 솔로몬의 족보가 기록되어 있습니다. 2장에서 시작된 유다 자손들의 족보가 다윗을 정점으로 하여 다시 전개되는 것입니다. 하나님께서는 하나님의 공의와 정의를 실현하여 이스라엘을 크게 번성하게 했던 다윗 시대를 이스라엘의 모든 백성이 지향해야 할 모범으로 제시하고 있습니다. 한편, 3장에서는 다윗부터 시작하여 남유다의 마지막 왕이었던 시드기야의 이름까지를 볼 수 있습니다. 이는 역대기 전체의 목차라고도 할 수 있습니다.

각 장의 중요 Point

1장 _ 뿌리 찾기
2장 _ 나를 향한 계획의 시작은 태초부터였습니다
3장 _ 다윗의 영광을 그리며

나를 위한 기도

나의 인생이 하나님의 나라와 의를 위해 쓰임 받는 풍성한 신앙의 여정이 될 수 있도록 인도하소서.

공동체를 위한 기도

이스라엘의 역사가 담긴 역대상의 계보를 통독하며, 우리 민족과 한국 기독교의 역사 가운데 함께 동행해주신 하나님을 찬양하는 공동체가 되게 하소서.

전도대상을 위한 기도

하나님의 마음 알아가기

삶으로 실천하기

August
8/12

224

창세기 말라기

역대상 4~5장

이스라엘의 족보들 1

Tong Point 아브라함에게 주신 하나님의 약속, 유다 자손에 대한 야곱의 유언이 현실이 된 것을 족보를 통해 확인할 수 있습니다.

찬양

찬송으로 보답할 수 없는
새 찬송가 40장 <통 43장>

하나님의 마음 보기

유다 지파의 핵심인 이스라엘 역대 왕들의 족보에 뒤이어 4장에서는 유다의 남은 자손들의 계보를 보여주고 있습니다. 역대기는 이들이 왕과 함께 거하였고 왕의 일을 하였다고 기록합니다. 유다 지파에서 왕들이 계속 이어지고 왕의 일을 담당하게 되었다는 것은 야곱이 죽을 때 아들들에게 유언하는 중에 넷째 아들 유다에 대해서 예언했던 내용이 이루어진 것입니다. 이후 계속되는 열두 지파들의 족보는 그들이 살았던 자리와 그 규모를 가늠하게 해줍니다. 이렇게 등장하는 이름들의 주인은 하나님께서 아브라함에게, 이삭에게, 야곱에게 약속하신 가나안 땅을 차지하고 평안히 그곳에 정착하게 된 이스라엘의 후손들입니다.

역대상 5장은 요단 동편에 정착했던 르우벤, 갓, 므낫세 지파의 족보입니다. 이들 세 지파는 다른 지파들과 떨어진 요단 동편에서 서로 의지하며 살았던 지파들입니다. 그래서 그들은 이방 족속과 싸울 때 하나님을 의지하고 함께 힘을 모아서 이겼습니다. 그러나 그들은 그 땅에 정착한 후, 이방신들을 섬기기 시작합니다. 결국 그들은 하나님의 진노하심을 입고 앗수르에게 사로잡힘을 당합니다.

각 장의 중요 Point

4장 _ 열매는 혼자만의 노력이 아니었습니다
5장 _ 신신당부를 버렸던 사람들

나를 위한 기도

신실하게 약속을 이루어가시는 하나님의 모습을 통해 삶의 신실한 자세를 배워가게 하시고 늘 성실하게 살게 하소서.

공동체를 위한 기도

이스라엘의 족보를 통해 아브라함에게 주셨던 하나님의 약속이 현실이 되었던 장면을 함께 바라보며 꿈꾸는 공동체가 되게 하소서.

전도대상을 위한 기도

하나님의 마음 알아가기

삶으로 실천하기

Worship 소그룹예배

사랑하는 형제에게

예레미야 49-52장, 예레미야애가, 오바댜, 역대상 1-5장

기도로 예배를 시작합니다.

이 시간, 우리가 함께 모여 하나님께 드리는 이 예배를 기뻐 받아주시고, 예배드리는 가운데 하나님의 마음과 뜻을 깨달아 알 수 있도록 지혜를 주소서.

함께 **찬양**을 부르세요.

"사랑하는 주님 앞에" 새 찬송가 220장 (통 278장)

성경을 **소리 내어** 함께 읽고 오늘 본문의 **통通 이야기**를 들려주세요.

* 오바댜 1장 10-14절

에돔은 야곱의 형인 에서의 후예들이 만든 이스라엘의 형제 나라입니다. 그런데 남유다가 멸망할 때 에돔은 그것을 즐거워했을 뿐만 아니라 도망가는 백성의 길까지 막았습니다. 하나님께서는 이러한 모습에 대해 에돔을 심판하겠다고 말씀하십니다.

말씀을 통해 알 수 있는 하나님의 마음을 생각하며 함께 마음을 나눕니다.

* 하나님께서는 우리 인생들이 행복하고 화목하길 바라십니다. 화목을 이루기 위해 우리가 각자 할 수 있는 것들을 나누어봅시다.

* 우리에게는 복음 안에서 믿음으로 형제와 자매된 사람들이 있습니다. 그들은 누구입니까? 그들과 믿음의 교제를 나누기 위해 우리가 할 수 있는 것들은 무엇입니까?

서로 **축복의 말**을 함께 나눕니다.

"나는 언제나 당신을 사랑으로 대하며 도울 것입니다."

함께 기도하며, 연이어 주님이 가르쳐주신 기도로 예배를 마칩니다.

하나님께서 만들어주신 우리 공동체가 늘 사랑으로 화목하며 믿음으로 하나 되기를 소망합니다. 항상 서로 돕고 사랑할 수 있도록 크신 은총을 베풀어주소서.

August
8/13

225

창세기 — 말라기

역대상 6~9장

이스라엘의 족보들 2

Tong Point 족보에 기록된 수많은 이름들은 하나님께서 그들과 동행하신 흔적이자 은혜의 통로였고, 잃어버린 역사를 되찾는 길이었습니다.

찬양

영광을 받으신 만유의 주여
새 찬송가 331장 <통 375장>

하나님의 마음 보기

역대상 6장은 이스라엘의 세 번째 아들인 레위 자손의 계보를 비롯하여 그들의 직무에 대해 기록하고 있습니다. 레위에 대한 이야기가 처음 나오는 창세기, 레위 지파의 직무에 대해서 상세히 알려주는 레위기, 하나님께서 그들을 세우신 목적과 이유를 분명히 하고 있는 민수기의 내용들을 모아서 잘 정리했습니다. 특히 하나님의 말씀대로 제사를 집례하고 이스라엘 백성의 모든 고충을 살펴주었던 그들은 이스라엘 역사를 아름답게 수놓아 간 사람들입니다.

역대상 7장에는 요단 서편 땅에 살았던 지파들의 족보가 기록되어 있습니다. 성경은 그들의 병력 수까지 자세히 기록하고 있는데, 이들의 병력은 이스라엘 전체의 군사력을 유지하는 핵심이 되었기 때문입니다. 이어지는 역대상 8장에는 앞서 다룬 베냐민 지파의 족보가 다시 한 번 소개되고 있습니다. 야곱의 열두 아들 중 유다와 베냐민의 관계는 매우 돈독했습니다. 특히 베냐민 지파는 이스라엘에 왕정이 도입될 때 첫 왕을 배출하는 영광을 얻기도 합니다. 베냐민 지파는 한때 다른 지파들로부터 경원시 여겨진 경험(삿 20장)이 있기도 해서 첫 왕 사울을 배출한 사건은 베냐민 지파의 명예를 회복할 수 있는 좋은 기회이기도 했습니다.

각 장의 중요 Point

6장 _ 전 생애를 헌신하며 살았던 사람들
7장 _ 그들은 마하나임이었습니다
8장 _ 가문의 부흥과 몰락
9장 _ 전위대(前衛隊)

나를 위한 기도

오늘도 내게 주어진 일을 감당하는 가운데 하나님과의 더 깊은 관계를 바라시는 그 사랑과 섭리를 깨닫게 하소서.

공동체를 위한 기도

족보에 나타난 수많은 이름은 하나님께서 그들과 동행하셨던 사랑의 흔적임을 기억하고, 하나님과 동행하는 이름들이 우리 공동체에 가득하게 하소서.

전도대상을 위한 기도

하나님의 마음 알아가기

삶으로 실천하기

August
8/14
226

창세기 말라기

역대상 10~12장

왕이 된 다윗과 그의 용사들

Tong Point 사울의 뒤를 이어 왕이 된 다윗은 하나님의 기대에 부응하여 이스라엘을 하나님 중심의 신앙 공동체로 세워갑니다.

찬양

나는 예수 따라가는
새 찬송가 349장 〈통 387장〉

하나님의 마음 보기

역대상 10장부터 마지막 29장까지는 이스라엘의 초대 왕이었던 사울의 죽음, 다윗의 등장과 그의 행적, 다윗의 죽음까지가 기록되어 있습니다. 사울은 임명 받은 자로서의 사명을 망각하고 자신의 욕심에 이끌리는 통치를 행함으로써 결국 비극적인 최후를 맞이합니다. 역대기는 사울의 멸망 원인이 하나님께 범죄하였기 때문이라고 명백하게 밝히고 있습니다. 그러나 사울의 죽음으로 모든 것이 끝난 것은 아닙니다. 하나님께서 이미 오래 전부터 사울을 대신할 이스라엘 왕으로 다윗을 준비하셨기 때문입니다. 하나님께서 꿈꾸신 정의와 공의를 행하는 왕이었던 다윗은 천년 역사에 남을 모범이 됩니다.

역대상 11장에는 다윗이 이스라엘의 왕이 되기까지 그를 도운 용사들의 이름이 나열되어 있습니다. 다윗이 이스라엘의 왕이 될 수 있었던 원동력은 하나님의 크신 은혜와 더불어 다윗을 지원하며 따랐던 수많은 용사들이 있었기 때문입니다. 이들은 베냐민 지파를 포함한 열두 지파 모두를 주축으로 구성되었습니다. 자신이 속한 유다 지파에 특혜를 주지 않고, 모든 지파를 아우르며 통일왕국의 기초를 놓아가던 공의로운 다윗의 정치가 빚어낸 일입니다.

각 장의 중요 Point

10장 _ 왜 죽었을까?
11장 _ 용사들이여!
12장 _ 주춧돌

나를 위한 기도

죄로 인한 나의 연약함에 민감하게 반응하며 회개하게 하시고 나아가 이웃과 나라의 연약함을 놓고서도 중보하게 하소서.

공동체를 위한 기도

다윗이 하나님의 기대에 부응하여 이스라엘을 하나님 중심의 신앙 공동체로 세워갔듯이, 우리 교회도 하나님 중심의 신앙 공동체로 세워져가게 하소서.

전도대상을 위한 기도

하나님의 마음 알아가기

삶으로 실천하기

August
8/15

227

창세기 — 말라기

역대상 13~16장

언약궤의 예루살렘 안치

Tong Point 하나님의 임재를 상징하는 언약궤가 예루살렘에 들어오는 날, 다윗은 즐겁게 춤을 추며 온 백성과 함께 기뻐합니다.

찬양

내 맘에 한 노래 있어
새 찬송가 410장 〈통 468장〉

하나님의 마음 보기

하나님께서는 제사장을 사이에 두고 이스라엘 백성과 만나기 위하여 이미 450여 년 전에 광야에서 언약궤를 만들게 하셨습니다. 그런데 이 언약궤가 본래의 목적대로 사용되지 못하는 경우가 많았습니다. 엘리 제사장의 두 아들 홉니와 비느하스 시절, 언약궤를 전쟁터로 가져가는 우를 범했다가 언약궤를 블레셋에게 빼앗겼던 적도 있습니다. 다행히 언약궤는 수레에 실려 돌아와 아비나답의 집에 놓여진 채 오랜 세월을 보냈습니다.

다윗이 이스라엘 전체의 왕이 되었을 때 언약궤를 예루살렘으로 모셔오기로 하는 과정에서 웃사가 목숨을 잃는 사건이 발생합니다. 결국 다윗은 하나님의 궤를 옮겨오지 못하고 오벧에돔의 집에 둡니다. 얼마 후 오벧에돔의 집에 좋은 소식이 있음을 전해들은 다윗은 하나님께서 주시는 좋은 때로 알고 하나님께서 정하신 방식대로 언약궤를 예루살렘으로 모셔옵니다. 다윗은 언약궤를 옮겨온 후 찬양 담당자들과 성막에서 봉사할 사람들을 임명하고, 언약궤를 중심으로 예배와 제사 제도를 확립합니다. 이로써 예루살렘은 명실 공히 정치 · 경제 · 종교의 중심지요, 시온의 산성이 됩니다. 이후 예루살렘은 성경 속에서 가장 많이 등장하는 지명이 됩니다.

각 장의 중요 Point

13장 _ 자, 이제 그거야　　14장 _ 첫 마음으로
15장 _ 어깨에 멜 것!　　16장 _ 감사절

나를 위한 기도

하나님의 뜻과 마음을 헤아리는 지혜를 더해주셔서 하나님을 더욱 기쁘시게 해드리는 삶을 살아가게 하소서.

공동체를 위한 기도

하나님의 거룩한 일들이 사람들의 머리에서 출발하는 것이 아니라, 온 성도들의 무릎 꿇는 기도를 통해 결정되고 진행되어진다는 사실을 깨닫게 하소서.

전도대상을 위한 기도

하나님의 마음 알아가기

삶으로 실천하기

창세기 　　　　　　　　　　　　　　　　　말라기

August
8/16

228

역대상 17~20장

다윗의 기도와 승전기록

Tong Point 다윗과의 약속을 신실하게 이루어가시는 하나님께서는 대적들과의 싸움에서 다윗을 늘 승리의 길로 인도하십니다.

찬양

십자가 군병들아
새 찬송가 352장 〈통 390장〉

하나님의 마음 보기

다윗은 하나님의 은혜 가운데 언약궤를 예루살렘 성으로 옮겨왔습니다. 하나님을 향한 다윗의 마음은 여기서 멈추지 않고, 휘장 밑에 있는 언약궤로 인해 마음 아파하며 성전을 짓겠다는 결심으로 나아갑니다. 그런데 하나님께서는 성전을 건축하겠다는 다윗의 소원에 대해 "너는 내가 거할 집을 건축하지 말라"(대상 17:4)라고 말씀하십니다. 그러나 하나님의 언약궤를 소중하게 생각하는 다윗의 마음을 기쁘게 받으신 하나님께서는 다윗의 아들을 통해 그 소원을 이루게 하겠다고 말씀하시며 다윗의 후손으로 그 왕위가 영원히 견고하리라는 복을 약속하십니다.

또한 하나님께서는 다윗이 어디로 가든지 그와 함께하시며 승리하도록 하셨습니다. 한편 아람의 군대는 다윗에게 패하자 다윗과 더불어 화친하여 섬깁니다. 이처럼 다윗은 여러 나라와의 전쟁에서 승리를 거두며, 아무리 강한 상대일지라도 하나님과 함께하는 편에게 결국 승리가 있다는 사실을 모든 주변국들에게 확실히 드러내주었습니다. 이를 통해 백성은 하나님께서 주신 약속의 땅에서 비로소 평안한 삶을 누리게 됩니다. 이러한 조건과 바탕 위에서 다윗은 국가를 공의와 정의로 다스려갑니다.

각 장의 중요 Point

17장 _ 거절
18장 _ 왕국의 위용(威容)
19장 _ 안녕으로 가는 길
20장 _ 회복의 통치

나를 위한 기도

오늘도 나의 고집과 주장을 내려놓고 겸손히 하나님의 뜻을 물을 수 있도록 성령님께서 도우소서.

공동체를 위한 기도

다윗의 길을 승리의 길로 인도해주신 하나님께서 우리 교회 공동체를 승리의 길로 인도해주시길 원합니다.

전도대상을 위한 기도

하나님의 마음 알아가기

삶으로 실천하기

August
8/17

229

창세기 — 말라기

역대상 21~22장

다윗의 죄악과 회개

Tong Point 국가의 발전을 자신의 업적으로 삼고 싶은 유혹에 인구 조사를 시행했던 다윗은 잘못을 깨닫고 곧바로 회개하며 엎드립니다.

찬양

내가 예수 믿고서
새 찬송가 421장 〈통 210장〉

하나님의 마음 보기

하나님의 공의대로 나라를 다스리기 위해 애쓰던 다윗이 이스라엘 영토의 확장과 그에 따른 인구의 증가를 자신의 치적으로 생각하는 잘못을 저지릅니다. 다윗의 승리는 하나님이 주신 승리였고, 다윗의 성과는 하나님이 주신 성과였습니다. 그런데 이를 잠시 망각한 다윗이 이스라엘의 승리와 번영을 자신의 업적으로 여기려 했던 것입니다. 이 일은 하나님의 진노를 일으켜 이스라엘 백성 7만 명이 죽게 됩니다. 이때 다윗은 하나님 앞에 엎드리며 자신의 죄를 회개합니다. 다윗은 자신의 모든 죄를 하나님 앞에 고백하며 참회함으로써 하나님 앞에 다시 나아간 것입니다.

다윗은 하나님의 언약궤를 모셔두기 위해 하나님의 성전을 자신이 건축하기를 간절히 소원했지만 하나님께서는 다윗에게 이를 허락하지 않으셨습니다. 그러자 다윗은 직접 성전 건축에 나서지는 못하지만 그의 아들 솔로몬이 훌륭한 성전을 건축할 수 있도록 힘닿는 데까지 금, 은, 놋, 철 등과 성전 건축에 힘쓸 사람들을 준비합니다. 다윗은 성전 건축 준비를 자신의 기쁨으로 여기며 그의 아들 솔로몬과 이스라엘 백성에게 성전 건축의 사명을 당부합니다.

각 장의 중요 Point

21장 _ 실책
22장 _ 내가 할 수 없을지라도

나를 위한 기도

위기와 시련이 닥칠 때에도, 평안과 안전이 보장된 때에도 언제나 한결같이 하나님을 기억하여 겸손하게 하소서.

공동체를 위한 기도

끝까지 하나님의 영광을 꿈꾸는 삶을 살았던 다윗처럼, 우리도 연수가 더해갈수록 더욱 타오르는 열정으로 하나님의 영광을 꿈꾸는 공동체가 되게 하소서.

전도대상을 위한 기도

하나님의 마음 알아가기

삶으로 실천하기

August
8/18

230

창세기 — 말라기

역대상 23~26장

다윗 시대 직분자 계보

Tong Point 솔로몬을 다음 왕으로 세운 다윗은 나라의 영속적인 발전을 위하여 성전에서 하나님의 일을 담당할 이들을 세웁니다.

찬양

나의 죄를 정케 하사
새 찬송가 320장 〈통 350장〉

하나님의 마음 보기

역대상 22장부터 29장까지의 내용에는 다윗이 성전 건축을 위해 구체적으로 어떠한 준비를 했는지 자세히 기록되어 있습니다. 많은 재료를 보으고, 솔로몬에게 구체적인 지시를 내림은 물론이요, 온 백성 앞에서 성전 건축의 중요성을 가르치는 일 등 다윗은 자신이 할 수 있는 모든 일을 최선을 다해 감당하고, 그 모든 것을 고스란히 아들 솔로몬에게 넘겨줍니다.

한편, 지금까지 성막에 관련된 일을 맡아왔던 레위인의 역할에 변화가 생긴 것을 알 수 있습니다. 성전이 건축되면 성막을 이동하는 일이 없으므로 레위인들은 이제 성전에서 봉사하는 일과 하나님을 찬양하는 일을 담당하게 됩니다. 성전 건축의 모든 준비를 갖춘 다윗은 레위인과 제사장의 명단을 조사합니다. 이들은 아론 자손의 계열로 엘르아살과 이다말의 자손이며, 하나님께서 명하신 규례대로 각기 직무에 따라 행할 것을 명령받은 사람들입니다. 이스라엘 역사는 왕과 함께 제사장이 얼마나 정직하게 자신의 일을 감당하느냐에 따라 그 명암을 달리 했습니다. 누구보다도 이 사실을 익히 알고 있는 다윗은 왕궁에서 일하는 사람들을 선임하는 것 이상으로 제사장을 세우는 일에 큰 관심을 쏟습니다.

각 장의 중요 Point

23장 _ 인재 양성 학교
24장 _ 명(命) 받았습니다
25장 _ 다윗 콰이어
26장 _ 수문장들

나를 위한 기도

내가 선택하고 준비하는 것들이 나의 만족과 유익을 위함이 아니요 하나님과 이웃의 기쁨을 위한 선택과 준비가 되게 하소서.

공동체를 위한 기도

하나님의 교회를 위해서 직분을 맡은 자마다 개인적인 생각보다는 하나님의 뜻을 먼저 물어 정성과 성실로 충성되이 섬기게 하소서.

전도대상을 위한 기도

하나님의 마음 알아가기

삶으로 실천하기

August
8/19

231

창세기 — 말라기

역대상 27~29장

다윗의 내각과 성전 건축 준비

Tong Point 다윗은 다음 대를 위하여 현명한 이들로 전체 내각을 구성하고, 성전 건축을 위한 재료들을 치밀하게 준비합니다.

찬양

내 평생 소원 이것뿐
새 찬송가 450장 〈통 376장〉

하나님의 마음 보기

성전에서 봉사하며 섬길 이들의 조직을 정비한 기록에 이어 다윗이 이스라엘의 군대조직과 행정조직을 개편한 기록이 이어집니다. 출애굽 시대 때부터 이어져오던 지파 연합 체제를 수용하면서 중앙집권적 영향력을 굳건히 해나가는 것입니다. 다윗은 종교 제도와 군사조직, 행정조직까지 나라의 모든 체제를 세웁니다. 외형적 국가 형태는 왕정 제도이지만 그 내용은 하나님 섬김을 중심으로 하는 제사장 제도를 포함하고 있습니다.

어느덧 다윗에게도 죽음을 맞이해야 할 시간이 찾아왔습니다. 죽음을 앞두고 있는 다윗이 이스라엘 백성과 그의 아들 솔로몬에게 남기는 유언의 핵심 내용은 다윗 자신이 성전을 건축하고자 했으나 하나님이 허락하지 않으셨다는 것과 자신이 이루길 원했던 그 과업을 솔로몬이 이어야 한다는 것이었습니다. 다윗은 온 이스라엘 회중 앞에서 하나님을 섬기라고 유언합니다. 그리고 바로 그 자리에서 솔로몬에게도 하나님만을 섬기라고 유언합니다. 다윗이 죽은 이후, 다윗의 뒤를 이어 왕좌에 앉을 솔로몬과 그가 다스리는 이스라엘 백성이 하나님을 섬기는 데에 서로를 살펴주고 격려하는 관계가 되기를 원하는 것입니다.

각 장의 중요 Point

27장 _ 평화적 정권교체를 위하여
28장 _ 유언
29장 _ 그의 유산

나를 위한 기도

나를 끝까지 지키시는 하나님을 신뢰하며 그 기대 가운데 성실한 삶의 씨앗을 뿌리는 삶이 되게 하소서.

공동체를 위한 기도

우리의 이름이 알려지지 않아도 지도자들의 지휘를 따라 하나님과 그 나라를 세워가는 일에 열심을 내는 공동체가 되게 하소서.

전도대상을 위한 기도

하나님의 마음 알아가기

삶으로 실천하기

Worship
소그룹예배

믿음의 가문

역대상 6-29장

기도로 예배를 시작합니다.

이 시간, 우리가 함께 모여 하나님께 드리는 이 예배를 기뻐 받아주시고, 예배드리는 가운데 하나님의 마음과 뜻을 깨달아 알 수 있도록 지혜를 주소서.

함께 **찬양**을 부르세요.

"삼천리 반도 금수강산" 새 찬송가 580장 (통 371장)

성경을 **소리 내어** 함께 읽고 오늘 본문의 **通 이야기**를 들려주세요.

* 역대상 9장 10-16절

유다 민족은 70년 포로생활 후에 다시금 예루살렘으로 돌아옵니다. 참으로 많은 가정의 후손들이 돌아오게 되는데 특별히 그 가운데는 제사장과 레위인의 후손들도 있었습니다. 다시금 제사장 나라를 시작하면서 성전을 중심으로 섬기는 이들을 통해 새 역사가 시작됩니다.

말씀을 통해 알 수 있는 하나님의 마음을 생각하며 함께 마음을 나눕니다.

* 우리나라가 하나님의 크신 섭리와 계획하심 가운데 앞으로 밝은 역사를 만들어가기 위해 우리 가정이 할 수 있는 일들을 나누어봅시다.

* 우리 가정의 믿음의 계보는 어떠합니까? 앞으로 우리 가문이 믿음의 가문이 되기 위해 먼저 어떤 것을 갖추어야 할지 생각해봅시다.

서로 축복의 말을 함께 나눕니다.

"하나님 보시기에 아름다운 믿음의 가정을 이루어갑시다."

함께 기도하며, 연이어 주님이 가르쳐주신 기도로 예배를 마칩니다.

우리에게 향하신 하나님의 은혜와 사랑에 늘 감사를 드립니다. 믿음의 중심을 잃지 않고 언제 어느 곳에서나 승리하는 신앙인, 신앙의 가정이 되게 해주소서.

August
8/20

232

창세기 ——— 말라기

역대하 1~4장

솔로몬의 성전 건축

Tong Point 다윗에 의해 다져진 나라의 기틀과 국가적 리더십이 솔로몬으로 이어지고, 하나님의 성전을 건축하는 위대한 역사가 진행됩니다.

찬양

내 영혼에 햇빛 비치니
새 찬송가 428장 〈통 488장〉

하나님의 마음 보기

다윗의 죽음과 함께 역대상이 끝나고 이어지는 역대하는 솔로몬의 이야기로 시작됩니다. 다윗에 이어 왕위에 오른 솔로본은 다윗이 준비해놓은 것을 기반으로 성전 건축에 착수합니다. 솔로몬은 두로 왕의 도움을 얻어 성전 건축에 필요한 백향목과 잣나무와 백단목을 확보하는 마지막 준비를 마칩니다. 성전 건축은 다윗이 기초를 닦아 두었던 하나님 중심의 신앙 공동체를 더욱 견고하게 세우며, 그 사실을 만방에 알린다는 중요한 의미를 가지고 있습니다.

드디어 오랜 회막 중심의 시대에서 성전 중심의 시대로 옮겨가는 첫 발걸음이 시작됩니다. 이곳저곳을 옮겨다녔던 언약궤가 드디어 성전에 모셔지고, 이제부터 이스라엘 백성은 그곳에서 하나님을 섬기게 되는 것입니다. 마침내 웅장한 규모의 성전 건축이 완료됩니다. 솔로몬은 외형공사에 이어 성전 내부에 놓일 여러 기구들을 제작합니다. 성전 내부의 기구들을 만드는 일 역시 성전의 외형을 세우는 것과 같이 많은 정성을 요하는 작업입니다. 솔로몬의 명령을 받은 후람은 하나님께서 다윗을 통해 주신 식양대로 정성을 다해 하나하나 만듭니다. 그렇게 정성을 바친 끝에 하나님의 전을 위한 모든 것이 잘 준비되었습니다.

각 장의 중요 Point

1장 _ 왕의 아들
2장 _ 첫 걸음을 내딛다
3장 _ 역사의 현장 모리아 산
4장 _ 완공식

나를 위한 기도

오늘 하루도 말씀을 통해 준비된 믿음과 정성된 마음으로 하나님께서 주신 꿈을 향해 한 걸음씩 나아가게 하소서.

공동체를 위한 기도

성전 건축을 위해 수많은 이들의 헌신이 있었듯이 하나님의 교회를 세워가는 일에 앞장서며 헌신하는 성도들이 될 수 있도록 우리를 인도하여 주소서.

전도대상을 위한 기도

하나님의 마음 알아가기

삶으로 실천하기

August
8/21
233

창세기 말라기

역대하 5~7장

솔로몬의 성전 낙성식

Tong Point 솔로몬은 성전과 모든 기구들을 준비한 후 언약궤를 성전으로 옮기고, 하나님께 감사기도를 드리며 성전 낙성식을 행합니다.

찬양

큰 영화로신 주
새 찬송가 35장 〈통 50장〉

하나님의 마음 보기

이제 하나님의 언약궤가 성전으로 옮겨지면 예루살렘 성전은 하나님의 임재를 상징하는 곳이 될 것입니다. 드디어 하나님의 궤가 안치되자, 성전에는 하나님의 영광이 가득하게 되었습니다.

아버지 다윗 때부터 2대에 걸쳐 간직해온 꿈이 성취된 지금, 솔로몬은 우선 백성을 축복한 후, 하나님께 간절히 기도합니다. 아울러 그는 하나님의 이름이 머무는 장소가 된 예루살렘 성전이 이스라엘이 하나님께 기도하고 돌아오는 장소가 되게 해달라고 기도합니다. 이 기도는 단지 이스라엘만을 위한 간구가 아니었습니다. 그것은 하나님을 사모하는 이방인과 모든 열방을 위한 '세계선교를 위한 선언문'이었습니다. 솔로몬의 기도를 통해서 다시 한 번 드러나는 사실은 하나님께서는 이스라엘만의 하나님이 아닌, 온 세상 모든 민족의 하나님이시라는 것입니다. 솔로몬의 성전 봉헌 기도에 하나님께서 응답하십니다. 하나님의 불이 성전의 제물을 사른 것입니다. 하나님께서는 솔로몬에게 다윗과 같이 하나님만을 섬기라고 명하십니다. 이 말씀에는 솔로몬뿐만 아니라 그의 후손들이 이스라엘의 왕으로서 하나님의 마음에 합한 통치를 해나가기를 바라시는 하나님의 간절한 마음이 담겨 있습니다.

각 장의 중요 Point

5장 _ 준비 끝
6장 _ 부족하지만 받아주세요
7장 _ 불타오르는 새날

나를 위한 기도

인생의 참된 꿈을 이루어갈 수 있는 의지와 용기가 하나님께로부터 나오는 것임을 알고 오늘도 최선을 다해 살게 하소서.

공동체를 위한 기도

하나님의 성전이 모든 열방을 위한 성전으로 건축되었듯이, 이 시대에 모든 교회가 열방을 향해 나아가는 열방을 위한 교회가 되게 하소서.

전도대상을 위한 기도

하나님의 마음 알아가기

삶으로 실천하기

August
8/22

234

창세기 — 말라기

역대하 8~9장

솔로몬의 업적

Tong Point 하나님께 지혜를 선물 받고 아버지로부터 튼튼한 국가를 받은 솔로몬은 선대의 신앙과 제도를 계승하여 많은 업적을 남깁니다.

찬양

너 하나님께 이끌리어
새 찬송가 312장 <통 341장>

하나님의 마음 보기

이스라엘의 번영은 다윗이 닦아두었던 기반을 바탕으로, 솔로몬 시대에 정점에 이릅니다. 찬란한 영광으로 가득한 성전이 지어지고 그곳에서 이루어지는 모든 행사가 하나님 앞에서 정결하게 진행되었습니다. 역대하 9장에 나오는 스바 여왕의 이스라엘 방문은 솔로몬의 최전성기를 보여주는 사건입니다. 이스라엘 역사 중 최고의 전성기를 꽃피운 바로 이 시대가 언제까지나 이어졌다면, 더 바랄 나위가 없었을 것입니다. 이 바람은 어느 누구보다도 하나님께서 더욱 간절히 원하시는 것이었습니다. 하지만 이처럼 화려한 모습 너머에는 솔로몬이 이방 여인들을 아내로 맞이하는 등 국가의 기반을 흔들게 될 문제들이 점차 싹을 틔우고 있었습니다.

역대하에는 자세한 기록이 실려 있지 않지만 앞서 열왕기상에서 살펴본 솔로몬을 볼 때 하나님을 향한 솔로몬의 마음은 처음과 나중이 같지 않았습니다. 하나님께서 허락하신 부귀영화를 누리면서 점차 그의 마음이 하나님을 떠났던 것입니다. 솔로몬은 말년에 하나님의 은혜로 하나님을 경외하는 인생만이 참되다는 것을 깨닫지만, 그의 아들 르호보암에게는 그가 되찾은 신앙이 이어지지 못합니다.

각 장의 중요 Point

8장 _ 번영의 정점에서
9장 _ 그래, 삶은 일관적이어야 했어

나를 위한 기도

하나님의 뜻과 말씀을 나의 삶 가운데 실천하는 일에 게으르지 않게 하시고 하나님의 다스림으로 나를 다스리소서.

공동체를 위한 기도

하나님으로부터 지혜를 선물 받은 솔로몬을 기억하며, 우리 교회가 지혜로운 공동체로 성장하여 귀하게 쓰임 받게 되기를 원합니다.

전도대상을 위한 기도

하나님의 마음 알아가기

삶으로 실천하기

August
8/23
235

창세기 말라기

역대하 10~13장

남유다와 북이스라엘의 분열

Tong Point 르호보암의 어리석은 선택으로 나라는 분열되고, 이제 남북왕국은 선한 경쟁을 하며 하나님 앞에 바로 서야 합니다.

찬양

큰 죄에 빠진 나를
새 찬송가 295장 〈통 417장〉

하나님의 마음 보기

솔로몬이 죽은 후 그의 아들 르호보암이 왕이 되었는데, 그 역시 통치 후반기의 솔로몬처럼 하나님을 떠난 정치를 일삼습니다. 결국 민심을 잃은 르호보암은 단일국가였던 이스라엘이 남북으로 나뉘는 결과를 만듭니다. 하나님의 큰 뜻을 받아 여로보암은 유다와 베냐민 지파를 제외한 북쪽 열 지파를 맡게 됩니다. 그런데 하나님께 세움을 받은 여로보암이 산당을 만들고 우상을 만들며 백성으로 하여금 우상을 섬기게 합니다. 그리고 제사장과 레위인들을 억압하여 여호와 하나님을 섬기지 못하게 합니다.

또한 다윗 때부터 솔로몬을 거쳐 르호보암에 이르기까지, 이방 민족의 침입이 별로 없었던 이스라엘이 적의 침략을 받기 시작합니다. 애굽 왕 시삭의 침입이 시작되려 하는 것입니다. 두려움을 느낀 르호보암은 하나님을 의지합니다. 그러나 하나님을 향하여 전적인 신뢰를 가진다기보다는 위기의 순간에만 하나님을 의지하는 그는 마치 사사 시대의 이스라엘을 보여주는 듯합니다. 더 나아가 르호보암의 뒤를 이은 아비야 때에는 급기야 민족 간에 전쟁이 일어납니다. 이후 북이스라엘과 남유다는 대립과 전쟁, 평화와 공존을 맴돌기만 할 뿐, 통일을 위한 큰 걸음을 제대로 내딛지 못합니다.

각 장의 중요 Point

10장 _ 이별의 시작
11장 _ 냉전시대
12장 _ 다람쥐 쳇바퀴 돌 듯
13장 _ 동족상잔의 비극

나를 위한 기도

평강을 주시는 하나님 앞에서 오늘도 그 품성을 닮아가며 순종함으로 내 삶의 모든 자리에서 화평을 이루게 하소서.

공동체를 위한 기도

하나님의 말씀을 통해 하나님의 마음과 뜻을 깨달아 그 순종의 길에 항상 서 있는 공동체가 되게 하소서.

전도대상을 위한 기도

하나님의 마음 알아가기

삶으로 실천하기

August
8/24

236

창세기 — 말라기

역대하 14~17장

남유다 왕국의 초기 왕들

Tong Point 통치 말년에 하나님을 떠나 아람을 의지했던 아사와 달리, 그 아들 여호사밧은 다윗의 길로 행하며 내부 개혁을 추진합니다.

찬양

나 맡은 본분은
새 찬송가 595장 〈통 372장〉

하나님의 마음 보기

남유다의 3대 왕으로 등극한 아사의 전반적인 통치 신념은 '하나님께 충성'입니다. 아사는 종교개혁을 단행합니다. 제단과 산당을 없애고, 남유다 사람들로 하여금 하나님을 구하게 하며, 하나님의 율법과 명령을 행하게 했습니다. 그 결과 주변국들에 의해 불안정했던 남유다가 다시 평화를 회복하게 됩니다. 구스와의 전쟁에서 그의 백성을 위해 싸우시는 하나님을 만났던 아사 왕은 다소 도전적이기까지 한 예언자 아사랴의 선포를 가감 없이 수용하고, 개혁을 단행합니다. 하나님께서는 오뎃의 아들 아사랴의 입을 통해 남유다가 하나님을 떠나면 하나님도 그들을 떠날 것이지만, 남유다가 하나님을 떠나지 않는다면 하나님도 그들을 떠나지 않으시겠다는 약속을 주십니다.

그러나 아사는 통치 말기, 하나님을 신뢰하기보다는 아람을 따르며 군사동맹을 맺는 불신앙적 면모를 보이고, 선견자 하나니의 책망을 듣고도 돌이키지 않는 아쉬움을 남깁니다. 하지만 다행히 아사의 치적은 그의 당대뿐 아니라 아들 여호사밧에 의해 계승 발전됩니다. 여호사밧은 아버지 아사 왕이 기초를 놓은 하나님 섬김의 남유다를 계승하여 더욱 확고히 다져나갑니다.

각 장의 중요 Point

14장 _ 충성
15장 _ 리모델링(Remodeling)
16장 _ 한결같은 마음이 필요합니다
17장 _ 천 년 사직을 반석 위에

나를 위한 기도

나의 마음이 우월감이나 열등감에 의해 함몰되지 않게 하시고 하나님과 동행함으로 현실의 높고 낮은 한계들을 뛰어넘게 하소서.

공동체를 위한 기도

우리 민족이 하나님을 잘 경외함으로 나라의 경제와 국방과 외교가 안정되는 놀라운 복을 누리게 하소서.

전도대상을 위한 기도

하나님의 마음 알아가기

삶으로 실천하기

창세기 말라기

August
8/25

237

역대하 18~22장

여호사밧의 시대

Tong Point 여호사밧은 율법에 기초한 개혁을 시행하고 국가의 큰 위기 앞에서 하나님을 의지하였지만 북왕국과 동맹하는 실수를 범합니다.

찬양

예수가 함께 계시니
새 찬송가 325장 〈통 359장〉

하나님의 마음 보기

하나님 보시기에 선을 행하던 여호사밧이 아합 가문과의 혼인으로 인척 관계를 맺습니다. 여호사밧이 아합의 딸 아달랴를 며느리로 받아들인 이 일은 이후 남유다에 짙은 먹구름이 드리우는 원인이 됩니다. 여호사밧은 사돈을 맺게 된 아합의 요청에 따라 아합과 함께 길르앗 라못을 치러갔다가 생명의 위기 가운데서 가까스로 건짐을 받고 예루살렘으로 돌아옵니다. 그런데 그를 기다리는 것은 선견자 예후의 질책이었습니다. 여호사밧은 아합과는 반대로 선견자의 질책을 달게 받으며 하나님께서 자신에게 허락하신 백성을 어떻게 다스려야 할지에 대한 방향을 설정해갑니다. 모압과 암몬 연합군이 침입해왔을 때 여호사밧이 하나님 앞에 나아가 간구하자, 하나님께서는 모압과 암몬 연합군을 물리칠 수 있는 길을 가르쳐주시고 남유다가 위기를 극복할 수 있도록 도와주십니다.

그런데 이러한 여호사밧의 노력은 계승되지 못하고 그의 뒤를 이어 왕이 된 아들 여호람은 북이스라엘이 악한 길을 따라가고 맙니다. 이 일의 근원은 여호사밧이 아합의 딸을 며느리로 맞아들인 데에 있습니다. 8년이라는 여호람의 짧은 통치 기간에 남유다의 힘은 눈에 띄게 약화되고, 여호람 또한 중병에 걸려 죽습니다.

각 장의 중요 Point

18장 _ 실패한 외교정책
19장 _ 규탄대회
20장 _ 통수권자의 결정
21장 _ 수신제가치국평천하(修身齊家治國平天下)
22장 _ 풍비박산(風飛雹散)

나를 위한 기도

나의 안위를 구하기 위해 믿음을 버리지 않게 하시고 하나님의 마음을 헤아리며 옳은 것을 선택하게 하소서.

공동체를 위한 기도

이 땅의 사법제도가 하나님을 섬기는 데 초점을 맞추고 공정한 재판을 통해 백성이 웃을 수 있는 나라가 되기를 원합니다.

전도대상을 위한 기도

하나님의 마음 알아가기

삶으로 실천하기

창세기 말라기

August 8/26

238

역대하 23~25장

요아스와 여호야다의 개혁

Tong Point 제사장 여호야다는 살아남은 왕자 요아스를 앞세워 백성의 뜻을 합하고 의로운 정권교체와 신앙개혁을 이루어갑니다.

찬양

주를 앙모하는 자
새 찬송가 354장 〈통 394장〉

하나님의 마음 보기

북이스라엘의 왕인 아합과 이세벨의 딸로서 남유다의 왕비가 된 아달랴가 왕위에 오른 지 6년의 시간이 지났습니다. 그 기간 동안 남유다는 우상숭배로 가득했습니다. 하나님께서는 제사장 여호야다를 통해 남유다를 개혁하시는 한편, 아달랴의 살육 아래에서 살아남은 요아스를 통해 끊어졌던 다윗의 왕위가 계속되도록 하십니다. 제사장 여호야다의 개혁으로 말미암아 다윗 왕가의 전통이 다시 이어질 수 있었습니다. 성전을 보수하는 등 여러 면에서 하나님 신앙의 회복에도 힘을 기울였습니다. 그러나 요아스의 선정(善政)은 제사장 여호야다의 죽음을 분기점으로 더 이상 지속되지 못합니다. 여호야다가 죽자 그는 하나님의 전을 버리고 아세라 목상과 우상을 섬겼으며, 심지어 그를 질책하는 여호야다의 아들 스가랴(사가랴)를 죽이기까지 합니다.

결국 하나님께서 요아스를 아람 군대에 붙이시자, 요아스는 큰 군대로도 작은 군대를 막지 못했고 남유다에는 혼란이 가중됩니다. 그리고 그는 신하들의 반역으로 죽음을 맞는 남유다의 첫 번째 왕으로 기록됩니다. 요아스의 뒤를 이은 아마샤 또한 "여호와께서 보시기에 정직하게 행하기는 하였으나 온전한 마음으로 행하지 아니하였더라"(대하 25:2)라는 기록을 남깁니다.

각 장의 중요 Point

23장 _ 의로운 쿠데타
24장 _ 각자의 위치에서
25장 _ 어처구니 없는 선택

나를 위한 기도

오늘도 말씀이 인도하는 대로 용기 있는 선택과 결단을 하게 하시고 내가 속한 공동체가 하나님의 빛을 보게 하소서.

공동체를 위한 기도

요아스와 여호야다의 개혁을 기억하며, 악은 어떤 모양이라도 버리고, 하나님의 말씀은 어떤 불이익이 있어도 순종하는 공동체가 되게 하소서.

전도대상을 위한 기도

하나님의 마음 알아가기

삶으로 실천하기

Worship
소그룹예배

하나님의 영광이 가득합니다

역대하 1-25장

기도로 예배를 시작합니다.

이 시간, 우리가 함께 모여 하나님께 드리는 이 예배를 기뻐 받아주시고, 예배드리는 가운데 하나님의 마음과 뜻을 깨달아 알 수 있도록 지혜를 주소서.

함께 **찬양**을 부르세요.

"내 주의 나라와" 새 찬송가 208장 (통 246장)

성경을 **소리 내어** 함께 읽고 오늘 본문의 **통通 이야기**를 들려주세요.

* 역대하 5장 11-14절

다윗과 솔로몬은 참으로 본받고 싶은 아버지와 아들이었습니다. 아버지 다윗에게 신앙을 물려받은 솔로몬은 성전을 완공한 후에 레위 사람들과 더불어 하나님을 찬양했습니다. 그때 성전 가운데 하나님의 영광이 가득 임하셨습니다.

말씀을 통해 알 수 있는 하나님의 마음을 생각하며 함께 마음을 나눕니다.

* 우리 부모님과 자녀들 사이를 연결시켜 주고 있는 것은 무엇인지 함께 생각해봅시다. 가장 최근에 함께 나눈 대화의 소재는 주로 어떠한 것이었습니까?

....

....

....

* 우리 공동체에 하나님의 사랑, 하나님의 영광이 늘 가득 임하시도록 하기 위해 같이 이루어야 할 일이 있다면 무엇입니까?

....

....

....

서로 축복의 말을 함께 나눕니다.

"하나님의 영광이 가득한 공동체로 가꾸어 갑시다."

....

....

함께 기도하며, 연이어 주님이 가르쳐주신 기도로 예배를 마칩니다.

하나님의 나라와 의를 위해 우리 모두의 힘을 모을 수 있는 믿음과 지혜를 주시고, 하나님의 영광을 경험하는 공동체가 되게 해주소서.

August
8/27
239

창세기 — 말라기

역대하 26~28장

웃시야, 요담, 아하스 시대

Tong Point 하나님 편에 선 정치를 행했던 웃시야 및 요담과 달리, 아하스는 앗수르와 이방신들의 도움을 구하는 악을 행했습니다.

찬양

정결하게 하는 샘이
새 찬송가 264장 〈통 198장〉

하나님의 마음 보기

아마샤의 뒤를 이어 그의 아들 웃시야가 왕위에 오릅니다. 웃시야는 하나님 보시기에 정직하게 행하였으며 그가 하나님을 찾을 동안에는 하나님께서 그를 형통하게 하셨습니다. 그런데 나라가 강성해지자 웃시야는 처음의 길에서 떠나 마음이 교만해집니다. 급기야 제사장만이 하도록 정해져 있는 분향하는 일을 자신이 직접 행하는 악을 범합니다. 그로 인해 웃시야는 한센병에 걸리고 평생을 별궁에서 격리되어 살다가 삶을 마감합니다. 그 뒤를 이어 웃시야의 아들 요담이 왕이 됩니다. 요담은 하나님 앞에서 바르게 살았지만, 그 시대 백성은 그렇지 못했습니다. 요아스, 아마샤, 웃시야의 시대를 거치는 동안 악한 일에 점차 익숙해진 백성이 이제 더 이상 하나님을 경외하는 길로 돌아서지 않았던 것입니다. 그 결과 남유다는 하나님 보시기에 매우 악했던 아하스 시대로 접어듭니다.

아하스의 죄악은 크게 두 가지, 하나님을 버리고 다른 우상을 섬긴 죄와 하나님을 의지하지 않고 앗수르 제국을 의지한 죄로 나뉩니다. 이사야 선지자는 아하스에게 앗수르를 의지하지 말고 하나님을 믿는 믿음으로 굳게 서라고 충고했지만, 그는 이사야 선지자의 말을 듣지 않았습니다.

각 장의 중요 Point

26장 _ 월권(越權)
27장 _ 죄악의 시대로 가는 관문
28장 _ 이보다 더 나쁠 순 없다

나를 위한 기도

하나님께서 내게 주신 은혜들을 다시금 기억하게 하시고 교만의 걸림돌을 넘을 수 있는 지혜와 믿음을 주소서.

공동체를 위한 기도

아하스의 잘못된 선택을 반면교사 삼아 우리 교회가 세상의 빛과 소금의 역할을 잘 감당하며 언제나 참된 선택을 할 수 있도록 인도하여 주소서.

전도대상을 위한 기도

하나님의 마음 알아가기

삶으로 실천하기

August
8/28

240

창세기 말라기

역대하 29~31장

히스기야의 개혁정치

Tong Point 히스기야는 성전 복구와 유월절 예식의 회복을 통해, 우상숭배로 만연했던 남유다를 개혁하고 하나님과의 관계를 다시 세웁니다.

찬양

먹보다도 더 검은
새 찬송가 423장 〈통 213장〉

하나님의 마음 보기

아하스의 뒤를 이어 왕위에 오른 히스기야가 첫 번째로 착수한 일은 하나님의 전을 성결하게 하는 일이었습니다. 히스기야는 백성이 하나님께 번제를 드리지 아니하고 분향하지도 아니하였기 때문에 하나님께서 남유다와 예루살렘에 대해 진노하셨다고 말합니다. 그리고 레위인들에게 "내 아들들아 이제는 게으르지 말라 여호와께서 이미 너희를 택하사 그 앞에 서서 수종들어 그를 섬기며 분향하게 하셨느니라"(대하 29:11)라고 말하며, 그들을 격려합니다. 히스기야의 이 말에 레위인들이 순종하여 하나님의 전에 있는 모든 더러운 것을 끌어내고 성전 기물을 깨끗하게 합니다. 성소를 위한 속죄제를 드리고 하나님을 찬송하며 하나님의 전에서 섬기는 일을 올바로 갖추어갑니다.

히스기야의 개혁은 여호와의 전을 성결하게 하는 것으로 멈추지 않고 유월절의 부활로 이어집니다. 2주일 동안 진행된 유월절 행사는 히스기야를 중심으로 다시 한 번 개혁을 단행하는 계기가 됩니다. 백성은 자신의 성읍에 있던 온갖 주상과 아세라 목상을 깨뜨리고, 히스기야는 성전 제사의 중심인 제사장과 레위인의 직책을 회복합니다. 히스기야는 우상숭배와 불순종으로 이어졌던 역사의 고리를 끊고, 하나님과의 깊은 만남을 위한 제도들을 되살리기 위해 노력한 왕이었습니다.

각 장의 중요 Point

29장 _ 쓰레기 청소
30장 _ 방향 전환
31장 _ 개혁의 바람

나를 위한 기도

오늘도 나의 욕심을 좇아 살지 아니하고 하나님의 마음과 눈물이 흐르는 곳을 바라보며 기쁨의 씨앗이 되게 하소서.

공동체를 위한 기도

성경에 나타난 하나님의 이야기를 잃어버린 이 시대에 말씀의 능력을 회복함으로 하나님과의 관계를 다시 세워가는 공동체가 되게 하소서.

전도대상을 위한 기도

하나님의 마음 알아가기

삶으로 실천하기

August 8/29

241

창세기 — 말라기

역대하 32~33장

히스기야의 회개와 므낫세의 죄악

Tong Point 므낫세는 부친 히스기야의 모든 개혁을 수포로 돌리고, 백성으로 하여금 악을 행하도록 미혹하였습니다.

찬양

목마른 내 영혼
새 찬송가 309장 <통 409장>

하나님의 마음 보기

히스기야가 단행한 종교개혁이 남유다를 변화시키고 있을 무렵, 앗수르의 왕 산헤립이 남유다를 공격해옵니다. 국가적 위기 상황 속에서 히스기야는 하나님을 신뢰하며 선지자 이사야와 더불어 하늘을 향해 부르짖어 기도합니다. 히스기야와 백성의 믿음을 보신 하나님께서 친히 앗수르의 군대를 물리쳐주십니다. 히스기야는 애굽을 의지하려 하기도 했고, 이 위기의 극복 이후 찾아왔던 남유다의 번영으로 인해 나라가 강대해지자 교만해진 적도 있으나, 자신의 교만함을 뉘우쳤고, 하나님의 뜻대로 나라를 다스리고자 애썼던 왕이었습니다.

그런 히스기야의 뒤를 이어 그의 아들 므낫세가 왕이 됩니다. 그런데 그는 아버지 히스기야가 헐었던 이방 우상의 산당들을 다시 세웁니다. 히스기야가 국가를 안전하게 이끌었던 비결을 알지 못하고 하나님을 거역했던 것입니다. 비록 므낫세가 말년에 회개하지만, 그는 긴 통치 기간 동안 선친 히스기야의 개혁을 수포로 돌아가게 했습니다. 므낫세의 뒤를 이은 아몬 역시 므낫세가 만든 우상을 섬겨 하나님 앞에 범죄하였고, 남유다는 점점 하나님께로부터 멀어집니다.

각 장의 중요 Point

32장 _ 선왕(先王)의 최대 위기
33장 _ 한 순간의 물거품

나를 위한 기도

세상의 헛된 것들에 붙들려 시간을 낭비하지 않게 하시고, 늘 겸손한 마음으로 하나님과 이웃을 위해 나의 모든 것을 드리게 하소서.

공동체를 위한 기도

하나님을 향한 열정이 끊임없이 솟아나게 하시고, 함께 힘을 모아 하나님만 섬기는 믿음의 공동체를 이루게 하소서.

전도대상을 위한 기도

하나님의 마음 알아가기

삶으로 실천하기

August 8/30

242

창세기 — 말라기

역대하 34~36장

요시야 시대와 남유다 멸망

Tong Point 성전에서 발견한 율법책을 기반으로 개혁을 단행한 요시야의 선정에도 불구하고 남유다는 안타까운 최후를 맞이합니다.

찬양

나 행한 것 죄뿐이니
새 찬송가 274장 〈통 332장〉

하나님의 마음 보기

아몬의 뒤를 이어 왕이 된 요시야는 신앙개혁 운동을 펼쳐 모든 우상을 제거하고 성전을 수리하는 일을 시작합니다. 요시야 개혁의 가장 큰 성과는 사무엘 시대 이후 율법의 정한 바에 따라 올바로 지켜진 적 없었던 유월절을 온전히 지킨 것입니다. 요시야는 예루살렘에 모인 모든 유다 백성에게 여호와의 전에서 발견한 율법책의 모든 말씀을 읽어 들려주었습니다. 이렇게 함으로써 요시야가 사는 날 동안에는 백성이 여호와 하나님께 복종하고 떠나지 않습니다. 이러한 요시야의 개혁은 멸망을 향해 치닫고 있는 남유다에는 희망의 불꽃과도 같았습니다.

그러나 요시야는 애굽 왕 느고가 앗수르를 치러 갈그미스로 올라가고자 할 때, 이를 막아서다 전사하고 맙니다. 이후 여호아하스, 여호야김, 여호야긴, 시드기야로 이어지는 왕들 모두가 하나님으로부터 멀어질 뿐이었습니다. 결국 이스라엘은 바벨론에 의해 점령당하고, 많은 백성이 바벨론으로 끌려갑니다. 그러나 하나님께서는 계획하신 70년의 시간이 지난 후 바사 왕 고레스를 통해 포로로 끌려갔던 사람들이 다시 예루살렘으로 돌아올 수 있게 하십니다. 이스라엘을 심판하심이 목적이 아니요, 다시 세우고 회복시키는 것이 하나님의 본심이셨기 때문입니다.

각 장의 중요 Point

34장 _ 말씀으로 돌아가자!
35장 _ 오랜 침묵을 깨고
36장 _ 살아남은 민족

나를 위한 기도

하나님의 마음과 사랑을 담아주신 말씀을 깨달아 감사하며 그 말씀이 내 인생의 거룩한 방향이 되어 인도하여 주소서.

공동체를 위한 기도

성전에서 발견된 율법책을 기반으로 개혁을 단행했던 요시야를 기억하며, 오직 말씀의 능력으로 이 시대와 교회 공동체를 개혁해나가길 원합니다.

전도대상을 위한 기도

하나님의 마음 알아가기

삶으로 실천하기

August 8/31

243

창세기 — 말라기

에스겔 1~3장

파수꾼으로의 부르심

Tong Point 바벨론에서 포로 생활을 하고 있는 에스겔을 부르신 하나님께서는 그에게 당신의 뜻을 전달하는 파수꾼의 사명을 맡기십니다.

찬양

옳은 길 따르라 의의 길을
새 찬송가 516장 〈통 265장〉

하나님의 마음 보기

예루살렘이 완전히 패망하기 전, 남유다 본토에서는 예레미야가 사역을 감당하고 있었고, 바벨론에서는 2차 포로로 끌려온 에스겔이 이제 그의 사역을 감당하기 시작합니다. 젊은 제사장 에스겔이 예루살렘의 여러 기술자들과 함께 바벨론으로 끌려온 지도 벌써 5년이 되었습니다. 바로 이때 하나님께서는 에스겔을 찾아오셔서 절망에 빠진 그에게 말씀을 주기 시작하십니다. 지금 바벨론에 끌려와 있는 포로들은 기회만 주어진다면 바로 예루살렘으로 돌아가겠다는 생각을 하고 있었습니다. 그러나 하나님의 계획은 예루살렘은 곧 멸망할 것이고, 포로로 끌려온 그들이 하나님을 섬기는 가운데 바벨론에서 우뚝 솟는 민족이 되는 것입니다.

에스겔이 받은 사명은 바벨론으로 끌려온 사람들에게 그들이 왜 끌려와야 했는지를 설명하고 그들을 위로하는 것이었습니다. 하나님께서는 에스겔을 통해 전해지는 하나님의 말씀을 백성이 잘 듣지 않을 것을 이미 알고 계셨습니다. 그러나 하나님께서는 에스겔을 보내셔서 백성이 듣든지 아니 듣든지 쉬지 않고 당신의 뜻을 선포하게 하십니다. 하나님께서 말씀하시는 에스겔의 사명은 바로 이스라엘 백성의 파수꾼이 되는 것입니다.

각 장의 중요 Point

1장 _ 새 희망을 꿈꾸며
2장 _ 외로운 외침
3장 _ 파수꾼의 지침서

나를 위한 기도

하나님의 말씀을 단지 듣고 읽는 것을 넘어 온 마음으로 받게 하시고 온전한 헌신을 다짐하는 하루 되게 하소서.

공동체를 위한 기도

바벨론에서 하나님의 부름을 받아 파수꾼의 사명을 잘 감당했던 에스겔처럼, 이 시대 하나님의 교회들이 파수꾼의 사명을 잘 감당하게 하소서.

전도대상을 위한 기도

하나님의 마음 알아가기

삶으로 실천하기

9

September

September
9/1
244

창세기 　 말라기

에스겔 4~7장

남유다에 대한 징계와 심판

Tong Point 하나님께서는 에스겔을 통해 여러 상징적 행위를 보여주시며, 남유다에 대한 징계와 그 안에 숨겨진 사랑을 드러내십니다.

찬양

세상의 헛된 신을 버리고
새 찬송가 322장 〈통 357장〉

하나님의 마음 보기

이미 바벨론의 1,2차 침공을 통하여 남유다 대부분의 지역은 바벨론에 의해 점령당했고, 여호야긴 왕과 많은 이스라엘 백성은 바벨론으로 끌려왔습니다. 하지만 아직 예루살렘은 남유다 왕 시드기야가 통치하고 있었습니다. 에스겔은 이스라엘이 멸망해가고 많은 백성이 바벨론에 끌려온 원인이 바로 이스라엘 백성의 죄 때문임을 단호하게 지적합니다.

하나님께서는 에스겔에게 머리털과 수염을 깎으라고 명령하십니다. 그 머리털을 불사르고, 칼로 치고, 또 바람에 흩으라고 하십니다. 에스겔에게 이러한 행동을 명하신 것은 이후 이스라엘 백성이 얼마나 큰 고통을 당해야 하는지를 보여주시기 위함이었습니다. 선민으로 선택받은 민족이 하나님을 떠나 죄악을 일삼고 사명과 의무를 외면할 때 그들에게는 더 중한 심판이 내려지는 것입니다. 특별히 하나님께서는 이스라엘의 우상숭배에 대하여 책망하시며 그에 대한 처벌을 말씀하십니다. 하나님이 아닌 우상을 숭배하던 자들은 결국 그들이 섬기던 우상 앞에서 죽게 될 것이며, 이러한 처벌을 받은 후에야 그들은 여호와 하나님이 참 하나님이심을 알게 될 것입니다.

각 장의 중요 Point

4장 _ 40일 동안의 새우잠
5장 _ 사랑은 징계보다도 더 큽니다
6장 _ 회복의 불씨
7장 _ 파국(破局)

나를 위한 기도

오늘도 하나님의 말씀과 계명을 지켜 내 영혼이 풍성해지며 나의 신앙적 모범을 통해 주변 사람들을 하나님께로 인도하게 하소서.

공동체를 위한 기도

남유다를 향한 하나님의 징계 안에 민족을 향한 하나님의 사랑이 있듯이 우리 교회를 향한 하나님의 사랑에 감격하는 공동체가 되게 하소서.

전도대상을 위한 기도

하나님의 마음 알아가기

삶으로 실천하기

September
9/2
245

창세기 말라기

에스겔 8~11장

예루살렘의 죄악과 심판

Tong Point 에스겔을 통해 바벨론 땅의 유다 백성에게 전해지는 예루살렘의 죄악상들은 예루살렘의 멸망을 예견하게 합니다.

찬양

마음에 가득한 의심을 깨치고
새 찬송가 257장 <통 189장>

하나님의 마음 보기

에스겔은 첫 번째 환상 가운데 이스라엘 백성의 가증한 행위와 성전을 더럽게 하는 것들을 보게 됩니다. 여인들이 앉아 '담무스'라는 신을 위하여 울고, 백성의 장로들과 제사장까지도 헛된 우상을 숭배하고 있습니다. 우상으로 가득한 예루살렘은 하나님의 영이 더 이상 거하실 수 없을 정도였습니다. 하나님께서는 사람을 죽이는 무기를 들고 있는 자들을 통해 우상을 숭배하는 자들을 심판하십니다.

에스겔이 환상 중에 보고 있는 예루살렘의 심판 장면은 두렵기 이를 데 없습니다. 심판을 당하는 그들을 보고 에스겔이 "이스라엘의 남은 자를 모두 멸하려 하시나이까"(겔 9:8)라고 크게 부르짖으나 하나님께서는 그 행위대로 보응하는 일을 멈추지 않으십니다. 하나님의 영광은 성전과 예루살렘 성을 떠나 산 위에서 예루살렘의 멸망을 바라보고 있습니다. 이렇게 하나님께서는 먼저 에스겔에게 예루살렘의 죄악이 얼마나 극심한지를 보여주십니다. 그러나 이스라엘을 심판함으로써 끝나는 것이 아니라 하나님께서 궁극적으로 계획하시는 바는 이스라엘을 돌이켜 새롭게 하시겠다는 것이었습니다. 이 사실을 잘 알고 있는 에스겔은 바벨론에 끌려와 있는 것이 이스라엘 백성을 위한 하나님의 배려이자 경륜이라고 설득합니다.

각 장의 중요 Point

8장 _ 더 이상 탈출구는 없다
9장 _ 희망의 씨앗
10장 _ 슬픔의 징검다리
11장 _ 너희가 희망이다

나를 위한 기도

하나님 앞에서 나의 모습을 가장하여 포장하지 않게 하시고, 하나님의 말씀을 기준으로 거룩함의 옷을 입게 하소서.

공동체를 위한 기도

세속에 물들지 않고 세상을 변화시키는 거룩한 교회 공동체가 되게 하시며, 이 시대를 이끌어갈 영적 지도자들을 바로 세워주소서.

전도대상을 위한 기도

하나님의 마음 알아가기

삶으로 실천하기

Worship
소그룹예배

에스겔의 환상 가운데

역대하 26-36장, 에스겔 1-11장

기도로 예배를 시작합니다.

이 시간, 우리가 함께 모여 하나님께 드리는 이 예배를 기뻐 받아주시고, 예배드리는 가운데 하나님의 마음과 뜻을 깨달아 알 수 있도록 지혜를 주소서.

함께 찬양을 부르세요.

"세상의 헛된 신을 버리고" 새 찬송가 322장 (통 357장)

성경을 소리 내어 함께 읽고 오늘 본문의 통通 이야기를 들려주세요.

* 에스겔 8장 1-13절

하나님께서는 에스겔 선지자를 환상 가운데 예루살렘으로 데리고 가십니다. 에스겔은 이때 예루살렘 곳곳에서 일어나고 있는 우상숭배의 모습을 목격합니다. 그리고 예루살렘이 멸망할 수밖에 없는 이유를 알아갑니다.

말씀을 통해 알 수 있는 **하나님의 마음**을 생각하며 함께 마음을 나눕니다.

* 만일 하나님께서 나를 데리고 내 삶의 자리 곳곳을 다니시면서 내가 하는 말과 행동들을 보여주신다면 어떠한 모습들이 펼쳐질 것 같습니까? 부끄러운 모습은 없는지 반성해봅시다.

* 하나님께서 지금 이 시간, 이 자리에 오셔서 함께 시간을 보내고 계신다고 생각해봅시다. 주님께 우리를 어떻게 소개할까요?

서로 **축복의 말**을 함께 나눕니다.

"당신의 삶의 자리가 늘 거룩한 모습이기를 바라며 축복합니다."

함께 기도하며, 연이어 주님이 가르쳐주신 기도로 예배를 마칩니다.

늘 우리를 바라보고 계시는 하나님을 기억합니다. 더욱 더 아름답고 향기가 나는 삶의 자리가 될 수 있도록 거룩한 삶을 이루기를 바랍니다.

September
9/3
246

창세기 — 말라기

에스겔 12~14장

하나님을 배역하는 거짓 선지자들

Tong Point 거짓 선지자들은 허탄한 묵시와 아첨하는 복술로, 하나님께서 뜻하신 인고의 세월을 뺀 거짓 평강을 전합니다.

찬양

너희 죄 흉악하나
새 찬송가 255장 〈통 187장〉

하나님의 마음 보기

에스겔의 상징적 행동은 하나님께서 주시는 메시지를 이스라엘 백성에게 더욱 뚜렷하게 전달해주고 있습니다. 이제 얼마 지나지 않아 예루살렘 성이 무너지고 남아 있던 백성은 포로로 잡히게 될 남유다의 참혹한 모습이, 포로의 행장을 어깨에 메고 가는 예언자의 모습을 통해 표현됩니다. 에스겔을 통해 보이는 징조를 보고 빨리 깨닫는 자는 복될 것이나 어리석은 백성은 그 말씀을 듣지 않고 생각을 고치지 않습니다.

이스라엘의 죄악과 패역의 한복판에는 그들의 행위를 정당화하고 변호해주는 거짓 선지자들이 있었습니다. 하나님께서는 이들에게 참 선지자인 에스겔을 통하여 경고의 말씀을 전하십니다. 거짓 선지자들은 회칠한 담이 허물어질 때에 그 가운데에서 망할 것이라는 강력한 예언입니다. 이스라엘 장로들조차 하나님을 떠나 우상을 마음에 들이며 죄악을 저지르자 하나님께서는 이들에게 그들이 섬기는 우상대로 보응할 것이라고 말씀하십니다. 하나님께서 궁극적으로 원하시는 바는 이스라엘 족속이 이후로는 우상에 미혹되거나 하나님을 떠나지 않고 하나님의 백성으로 살아가는 것입니다. 그러나 우상숭배를 일삼고 불법을 행하는 나라에 대하여 하나님께서는 심판 앞에서 누구도 피해갈 수 없다고 말씀하십니다.

각 장의 중요 Point

12장 _ 시청각 자료
13장 _ 어느 줄에 설 것인가?
14장 _ 회개만이 살 길이다

나를 위한 기도

나의 고질적인 죄악의 모습을 바라보시며 안타까워하시고 참고 기다리시는 하나님을 향해 회개와 변화의 발걸음을 내딛게 하소서.

공동체를 위한 기도

우리 공동체가 거짓 예언과 허탄한 묵시에 현혹되지 않고 오직 하나님의 말씀과 음성에만 귀 기울이게 하소서.

전도대상을 위한 기도

하나님의 마음 알아가기

삶으로 실천하기

September
9/4
247

창세기 말라기

에스겔 15~17장

하나님을 등진 예루살렘

Tong Point 유다 백성은 역사의 주관자이신 하나님만을 따라야 하는데도, 죄로부터 돌이키려는 회개의 노력을 보이지 않고 있습니다.

찬양

형제여 지체 말라
새 찬송가 537장 〈통 329장〉

하나님의 마음 보기

하나님께서는 그들이 왜 심판을 받는지에 대해 비유를 들어 설명하십니다. 예루살렘은 태어나자마자 버려져 전혀 돌봄을 받지 못한 아이와 같았는데, 그 아이를 불쌍히 여겨 하나님께서 기르셨다는 것입니다. 그러나 그들은 하나님의 은혜를 잊고 하나님을 떠나 온갖 우상을 숭배하였습니다. 역사를 주관하시는 하나님께서 그동안 그들에게 주신 은, 금, 식물들, 심지어는 자녀들까지도 우상에게 바치는 죄를 범했습니다. 그런 그들에게 하나님께서는 우상숭배에 대한 심판을 말씀하십니다. 그러나 하나님께서는 이스라엘과 맺은 언약을 기억하시고 회복을 약속하시며 은혜의 끈을 놓지 않고 계십니다.

하나님께서 또 다른 비유로 말씀하십니다. 두 마리의 독수리와 포도나무로 각각 애굽과 바벨론과 이스라엘을 비유한 것입니다. 그리고 이 비유에 대해, 바벨론에 끌려간 자들이 능히 설 것과 바벨론을 배반하여 애굽과 화친한 자는 형통하지 못하리라는 풀이까지 해주십니다. 이스라엘이 하나님과의 맹세를 업신여기고 언약을 배반하여 바벨론으로 끌려가 있는 동안, 하나님이 누구신지를 알게 된다면 그 시간은 결코 헛된 시간이 아닙니다. 하나님을 등진 이스라엘이 다시금 하나님을 찾게 될 것입니다.

각 장의 중요 Point

15장 _ 황무지(荒蕪地)
16장 _ 놀라운 하나님의 은혜
17장 _ 비유, 그 안의 비밀

나를 위한 기도

귀한 생명을 주신 하나님께 감사드리며 오늘도 내가 맺어야 할 열매가 무엇인지를 생각하며 실천하게 하소서.

공동체를 위한 기도

우리 교회 공동체가 세상의 힘과 수단을 의지하지 않고, 오직 말씀하시고 이루시는 전능하신 하나님만을 믿고 따르게 하소서.

전도대상을 위한 기도

하나님의 마음 알아가기

삶으로 실천하기

September
9/5

248

창세기 말라기

에스겔 18~20장

심판을 거부하는 이스라엘

Tong Point 각 사람의 행위대로 심판하실 하나님께서는 모든 죄에서 떠나 마음과 영을 새롭게 하기로 결단할 것을 요구하십니다.

찬양

어두운 내 눈 밝히사
새 찬송가 366장 〈통 485장〉

하나님의 마음 보기

예루살렘 사회는 어느 것 하나 제대로 되는 것이 없음에도 불구하고 거짓 선지자들의 예언 내용은 '잘된다, 잘되어간다' 라고만 하는 거짓되고 값싼 위로였습니다. 그런데 이 값싼 위로에 길들여진 백성은 그들의 거짓 예언을 믿고 있었습니다. 그리고 바벨론으로 끌려온 포로민들은 "아버지가 신 포도를 먹었으므로 그의 아들의 이가 시다"(겔 18:2)라고 말합니다. 스스로의 죄악을 돌아보기는커녕 자신의 조상들에게로 책임을 돌리며, 하나님의 심판이 부당하다고 불평하고 있는 것입니다. 그러나 하나님께서는 백성이 하나님의 벌을 받는 것은 각 사람이 범한 죄악 때문이라고 분명히 말씀하십니다.

하나님께서는 에스겔에게 이스라엘의 고관들을 위하여 애가를 지어 부르라고 명하십니다. 이 애가는 이스라엘이 어떤 다른 이들의 죄로 인해 고통을 당하는 것이 아니라, 바로 자신들의 죄악으로 인해 심판을 겪고 있는 것임을 드러냅니다. 하지만 이스라엘의 기나긴 패역과 죄악의 역사에도 불구하고, 예언은 심판으로 끝나지 않고, 하나님과의 올바른 관계를 맺는 회복의 소망으로 이어집니다. 이스라엘을 끝까지 포기하지 않으시고 새로운 희망을 품으시는 하나님의 마음을 담고 있습니다.

각 장의 중요 Point

18장 _ 설득, 또 설득
19장 _ 말라버린 강물
20장 _ 변함 없는 사랑

나를 위한 기도

내 안의 헛된 욕심과 죄를 먼저 회개하고 나의 부족함에도 변함없는 사랑을 베푸시는 하나님께 감사드리게 하소서.

공동체를 위한 기도

국가와 민족, 이웃과 교회를 위해 깊이 애통하며 간절한 사랑과 마음으로 기도하는 공동체가 되게 하소서.

전도대상을 위한 기도

하나님의 마음 알아가기

삶으로 실천하기

September
9/6
249

창세기 말라기

에스겔 21~22장

심판받는 이스라엘

Tong Point 하나님의 대언자 에스겔은 예루살렘의 죄악을 지적하며 그 마지막을 예측하고 안타까운 마음으로 그들이 받을 벌을 선고합니다.

찬양

신랑 되신 예수께서
새 찬송가 175장 〈통 162장〉

하나님의 마음 보기

하나님께서는 여러 선지자들을 보내셔서 당신의 뜻을 전하시며 이스라엘이 회개하며 하나님께로 돌아오기를 바라셨지만, 이스라엘은 끝내 하나님을 멀리하며 우상을 숭배하고 죄악을 일삼았습니다. 결국 하나님께서 칼을 칼집에서 빼어 의인과 악인을 이스라엘 땅에서 끊을 것이라고 말씀하십니다. "칼아 모이라 오른쪽을 치라 대열을 맞추라 왼쪽을 치라 향한 대로 가라"(겔 21:16)라고 말씀하신 하나님께서 사용하시는 이 칼은 바벨론 제국을 비유하고 있습니다.

이스라엘이 이러한 심판을 받는 이유는 그들이 저지른 죄 때문입니다. 그들의 죄는 우상을 숭배하고, 부모를 업신여기고, 나그네를 학대하고, 고아와 과부를 해하고, 하나님의 성물을 업신여기고, 하나님의 안식일을 더럽힌 것 등 이루 말할 수 없습니다. 하나님의 정의와 공의가 실현되어야 할 시온 산성 예루살렘의 모습은 온 데 간 데 없고, 이익에 눈이 멀어 반역하는 선지자와 하나님의 율법을 범하고 성물을 더럽히는 제사장, 불의한 이익을 얻으려고 피를 흘리는 고관들로 가득합니다. 그들이 지은 죄를 일일이 열거하시는 하나님의 마음은 진노와 답답함으로 가득하셨을 것입니다.

각 장의 중요 Point

21장 _ 경고
22장 _ 자기 고발

나를 위한 기도

하나님께서 모든 것을 판단하고 결산하는 분이심을 고백하며 오늘도 정결하고 신실한 모습으로 살게 하소서.

공동체를 위한 기도

이 나라와 민족이 하나님께서 단련하시는 시간들을 잘 보내어 정금같이 나와 제사장 나라의 민족으로 쓰임 받을 수 있게 하소서.

전도대상을 위한 기도

하나님의 마음 알아가기

삶으로 실천하기

September
9/7
250

창세기 말라기

에스겔 23~24장

사마리아와 예루살렘에 임한 심판

Tong Point 죄악에 물든 사마리아와 예루살렘은 끝내 하나님의 권유와 설득을 듣지 않고 앗수르와 바벨론에 의해 멸망합니다.

찬양

귀하신 주여 날 붙드사
새 찬송가 433장 〈통 490장〉

하나님의 마음 보기

하나님께서는 음란한 두 자매의 이야기를 빗대어서 이스라엘의 죄를 더욱 확실한 말로 드러내십니다. 형인 오홀라는 사마리아이고 아우인 오홀리바는 예루살렘을 뜻합니다. 이들은 참으로 함께해야 할 남편인 하나님을 떠나 이방 족속의 왕들과 행음하기를 서슴지 않습니다. 우상을 섬기다 결국 패망했던 북이스라엘을 목도하고서도 남유다는 도무지 잘못을 깨닫지 못하고, 하나님께로 돌아올 줄을 몰랐습니다. 계속되는 심판의 메시지가 예루살렘 멸망 환상을 통해 그 절정에 다다르고 있습니다. 예루살렘의 멸망이 눈앞에 다가온 것입니다.

하나님께서는 에스겔에게 아내의 죽음을 표징으로 삼아 하나님의 말씀을 전하게 하십니다. 하나님께서 에스겔의 눈에 기뻐하는 것을 빼앗아도 슬퍼하거나 울지 말고, 조용히 탄식하라고 하신 것입니다. 백성이 그 같은 표징이 자기들과 무슨 상관이 있냐고 따지자 에스겔은 남유다가 심판을 받아 패망할 것이며, 자신과 같이 피차 바라보고 탄식하게 될 것이라고 말합니다. 이제 곧 예루살렘이 심판을 받으리라는 것을 아는 에스겔은 백성이 죄에서 돌이켜 하나님의 말씀에 순종하기를 바라며 그들을 설득합니다.

각 장의 중요 Point

23장 _ 내가 여호와인 줄을 너희가 알리라
24장 _ 슬픔의 강을 건너 더 큰 슬픔으로

나를 위한 기도

내가 하나님의 사랑 가운데 주님의 백성으로 출발했던 날을 기억하며 더욱 큰 희망과 기대 가운데 승리하게 하소서.

공동체를 위한 기도

녹슨 가마 같은 우리 공동체의 삶 속에 붙어있는 죄악의 찌꺼기들이 속히 성령의 불에 녹아 없어지게 하소서.

전도대상을 위한 기도

하나님의 마음 알아가기

삶으로 실천하기

September
9/8
251

창세기 말라기

에스겔 25~28장

이스라엘 주변 민족에 대한 심판

Tong Point 스스로의 힘으로 모든 것을 이루었다고 믿은 교만한 나라들은 결국 역사의 뒤안길로 사라지고 말 것입니다.

찬양

하나님의 진리 등대
새 찬송가 510장 <통 276장>

하나님의 마음 보기

남유다의 멸망을 눈앞에 둔 시점에, 남유다 주변의 크고 작은 나라들은 예루살렘을 조롱하고 그들을 약탈하려 합니다. 그러나 자국의 힘을 과시하며 남유다를 괴롭히던 나라들도 하나님의 공의의 심판 대상에서 예외일 수 없습니다. 하나님의 성소가 더럽힘을 받고 남유다 백성이 사로잡힐 때, 암몬 족속은 그것을 좋아했습니다. 그 결과, 그들은 다른 민족에게 넘겨지게 되고 노략을 당하며 만민 중에서 끊어지는 벌을 받게 됩니다. 원수를 갚듯이 이스라엘을 쳤던 에돔의 땅도 황폐해질 것입니다.

암몬과 모압, 에돔과 블레셋에 이어, 두로도 하나님의 심판으로부터 벗어날 수 없었습니다. 두로는 다윗과 솔로몬 시대에 이스라엘의 성전 건축에 큰 도움을 주며 좋은 관계를 유지하였고, 하나님께 큰 복을 받았습니다. 그들은 바닷가에 거하면서 국제무역을 통해 많은 부를 축적하였습니다. 그런데 이 축적된 부로 인해 교만해진 두로는 무역경쟁국인 예루살렘이 망하자, 그로 인해 자신들에게 돌아올 이익을 예상하며 기뻐했습니다. 에스겔 27장은 온갖 진귀한 보물을 실은 배가 바다 한가운데서 파선하는 비유의 말씀을 통해 교만으로 인해 멸망할 수밖에 없는 두로의 모습을 보여주고 있습니다.

각 장의 중요 Point

25장 _ 날 멸시하지 마!
26장 _ 파멸의 그림자
27장 _ 고장난 브레이크
28장 _ 내가 신(神)이야

나를 위한 기도

현실적 상황에 기반을 둔 나의 인생에 대한 기준과 예측이 하나님의 섭리하심과 차이가 나지 않도록 늘 깨어 있게 하소서.

공동체를 위한 기도

우리의 안식처와 견고한 망대는 어떤 힘 있는 국가나 개인이 아니라, 하나님의 이름에 있음을 기억하는 공동체가 되게 하소서.

전도대상을 위한 기도

하나님의 마음 알아가기

삶으로 실천하기

September
9/9
252

창세기 말라기

에스겔 29~32장
애굽에 대한 심판

Tong Point 애굽은 복의 근원이신 하나님을 기억하고 더욱 겸손해야 했지만 오히려 교만히 행함으로 말미암아 하나님의 심판을 받게 됩니다.

찬양

듣는 사람마다 복음 전하여
새 찬송가 520장 <통 257장>

하나님의 마음 보기

영원히 강대국일 것 같았던 애굽을 향해서는 무려 네 장에 걸쳐 하나님의 심판이 예언되고 있습니다. 하나님을 의지하기보다는 애굽을 의지하여 바벨론의 위협으로부터 벗어나보려 하는 남유다에게 보내는 하나님의 경고입니다. 애굽의 바로는 "나의 이 강은 내 것이라 내가 나를 위하여 만들었다"(겔 29:3)라고 말하며 교만했습니다. 하나님께서는 애굽을 심판하셔서 모든 물고기를 들에 던져버릴 것이며, 악어와 같은 애굽은 들짐승과 새의 먹이가 될 것이라고 말씀하십니다.

하나님을 거역하는 남유다와 죄악으로 가득 찬 이방 민족들을 향해 하나님께서는 바벨론 왕 느부갓네살이라는 막대기를 준비하십니다. 그러나 자신들이 느부갓네살 군대의 다음 희생물임을 내다보지 못한 애굽은 어리석게도 멸망한 예루살렘을 멸시하며 조롱하고 있습니다. 바벨론 사람들도, 애굽 사람들도 지금은 하나님을 잘 알지 못하고 있지만, 곧 그들은 각 나라들에 대한 하나님의 심판을 통해 온 세상을 다스리시는 분이 하나님이라는 사실을 분명히 깨닫게 될 것입니다. 하나님께서는 이 어두운 말씀 속에 강한 한 줄기의 광명을 보여주십니다. 그것은 이 모든 심판을 통해 하나님이 세상의 주인이심을 열방에 알리겠다는 놀라운 계획입니다.

각 장의 중요 Point

29장 _ 어리석은 거절
30장 _ 교만의 무릎을 쳐서
31장 _ 교만의 고속도로
32장 _ 콧대 꺾기 작전

나를 위한 기도

오늘도 어떤 일을 선택하고 결정하고 나서 후회하지 않도록 하나님의 말씀을 통해 주시는 지혜로 인도하소서.

공동체를 위한 기도

하나님께서 허락하신 우리의 환경을 감사로 받아들이며, 더욱 아름다운 모습이 되도록 애쓰며 가꾸어나가는 공동체가 되게 하소서.

전도대상을 위한 기도

하나님의 마음 알아가기

삶으로 실천하기

Worship

소그룹예배

누구를 의지할까요?

에스겔 12-32장

기도로 예배를 시작합니다.

이 시간, 우리가 함께 모여 하나님께 드리는 이 예배를 기뻐 받아주시고, 예배드리는 가운데 하나님의 마음과 뜻을 깨달아 알 수 있도록 지혜를 주소서.

함께 찬양을 부르세요.

"내 주 되신 주를 참 사랑하고" 새 찬송가 315장 (통 512장)

성경을 **소리 내어** 함께 읽고 오늘 본문의 **통通 이야기**를 들려주세요.

* 에스겔 32장 1-10절

남유다는 왕이나 백성 할 것 없이 하나님을 신뢰하기보다 애굽을 의지했습니다. 멸망 전에도 그랬고 멸망 후에도 그랬습니다. 이를 바라보고 계시는 하나님께서는 안타까운 마음으로 남유다가 그토록 의지하려는 애굽은 실상 사자가 아니라 강을 더럽히는 악어에 불과하다고 말씀하십니다.

말씀을 통해 알 수 있는 **하나님의 마음**을 생각하며 함께 마음을 나눕니다.

* 우리가 어려움 가운데 있을 때 의지해야 할 분은 오직 하나님이십니다. 그렇다면 하나님의 어떠한 모습을 기대하고 바라보며 그분을 의지해야 할까요?

* 우리에게 쉽게 해결할 수 없는 어려움이 있습니까? 그렇다면 하나님을 의지하며 하나님 앞에 모든 것을 내려놓고 서로 손을 맞잡고 기도하는 시간을 가져봅시다.

서로 **축복의 말**을 함께 나눕니다.

"하나님을 의지하는 것이 인생을 승리하는 비결입니다."

함께 기도하며, 연이어 주님이 가르쳐주신 기도로 예배를 마칩니다.

세상의 힘들고 어려운 문제들 앞에서 쉽게 낙심하거나 세상을 의지하며 살지 않겠습니다. 오직 하나님을 바라보고 의지함으로 승리하는 삶을 살겠습니다.

September
9/10
253

창세기 — 말라기

에스겔 33~35장

예루살렘의 함락

Tong Point 포로로 끌려와 예루살렘의 멸망 소식을 들은 백성에게 하나님께서는 참된 희망의 근원을 말씀해주십니다.

찬양

나 주를 멀리 떠났다
새 찬송가 273장 〈통 331장〉

하나님의 마음 보기

남유다에 대한 어둡고 쓸쓸한 예언은 예루살렘 멸망이라는 처참한 현실로 실현됩니다. 바벨론으로 끌려와 있는 동안, 고향으로 돌아갈 수 있으리라는 작은 소망을 붙들고 살아왔던 포로민들에게는 큰 절망이 아닐 수 없었습니다. 그들에게는 더 이상 돌아갈 곳이 없었습니다. 더구나 하나님께서는 예루살렘 함락이 끝이 아니라 그 땅을 황무지가 되게 할 것이라고 말씀하십니다. 이어지는 에스겔 34장은 이스라엘 지도자들에 대한 심판의 말씀입니다. 이스라엘의 지도자들은 백성을 하나님의 뜻 가운데 돌보지 않고, 백성의 안위와 평안을 책임지는 역할을 소홀히 할 뿐만 아니라, 오히려 자기 이익을 위해 토색하고 억압하며 백성을 종처럼 부렸습니다. 이에 하나님께서는 이스라엘의 지도자들을 심판하시며 친히 하나님의 백성을 되찾겠다고 선언하십니다.

하나님께서는 또한 에돔 족속을 심판하십니다. 에돔과 이스라엘은 근원적으로 보면 형제국이나 다름없지만 두 나라는 끊임없이 갈등을 반복해왔습니다. B.C.586년 바벨론에 의해 예루살렘이 파괴될 때 에돔은 형제 이스라엘을 향해 칼을 휘둘렀는데, 이 같은 에돔의 행동에 대해 심판의 말씀이 전해지고 있는 것입니다.

각 장의 중요 Point

33장 _ 돌아갈 수 없는 고향
34장 _ 한 목자를 그들의 위에
35장 _ 세일 산의 통곡

나를 위한 기도

남에게 보이기 위한 전시용 신앙이 아니라 하나님 앞에서 생명이 넘치는 역동적인 신앙인이 되게 하소서.

공동체를 위한 기도

예루살렘의 멸망에는 제사장 나라의 꿈을 새롭게 시작하시는 하나님의 열정과 소망이 담겨 있음을 깨닫는 공동체가 되게 하소서.

전도대상을 위한 기도

하나님의 마음 알아가기

삶으로 실천하기

September
9/11
254

창세기 말라기

에스겔 36~37장

다시 회복될 이스라엘

Tong Point 마른 뼈와 같이 절망 중에 있는 이스라엘에게 하나님께서는 다시 생명의 기운을 주시고 회복시켜주실 것을 약속하십니다.

찬양

주여 지난밤 내 꿈에
새 찬송가 490장 <통 542장>

하나님의 마음 보기

에스겔은 예루살렘 멸망 전에는 죄에 따른 심판을 선언했습니다. 그런데 이제부터는 구원과 회복을 담은 위로의 말씀을 선포합니다. 하나님께서 이스라엘 백성을 그들의 죄로 인해 징계하셨지만, 결국에는 다시 회복시킬 것을 약속하시는 것입니다. 에스겔의 '마른 뼈 환상'이 보여주듯, 하나님께서는 지금은 나라가 멸망했지만 그들에게 희망이 있다고 말씀하십니다. 이스라엘은 다시는 나뉘지 않을 것이며, 하나님의 종 다윗과 같이 하나님의 마음에 합한 자의 통치를 받는 하나님 나라가 될 것입니다. 이것이 마른 뼈 이스라엘을 바라보시는 하나님의 계획이었습니다.

에스겔의 사역으로 말미암아, 포로민들은 바벨론에서의 삶의 기반을 잘 닦기 시작합니다. 그것은 이후에 그들이 예루살렘으로 돌아올 때 가져오는 말, 노새, 낙타 등의 수효를 보고 알 수 있습니다. 이들의 성공 뒤에는 예레미야와 에스겔의 노력이 있었습니다. 바로 이들의 후손들이 고국으로 돌아가 절망감에 사로잡혀 있던 동포들을 위로하게 됩니다. 바벨론에서 돌아온 사람들은 "가마의 놋을 달궈서 그 속에 더러운 것을 녹게 하며 녹이 소멸"된 사람들이었습니다.

각 장의 중요 Point

36장 _ 위대한 비전(Vision)

37장 _ 생명, 생명이 있어라

나를 위한 기도

오늘도 하나님의 말씀에 비추어 나의 모습을 가다듬게 하시고, 이 세상 가운데 하나님의 이름을 높이는 자로 살게 하소서.

공동체를 위한 기도

마른 뼈를 살리시고 생명의 기운을 회복시켜주신 하나님의 능력이 이 나라와 민족 가운데 가득하게 되기를 원합니다.

전도대상을 위한 기도

하나님의 마음 알아가기

삶으로 실천하기

September
9/12
255

창세기 말라기

에스겔 38~39장

침략자 곡에 대한 심판과 멸망

Tong Point 하나님은 곡이 멸망하는 모습을 보여주심으로써 이방 땅에 거하고 있는 이스라엘에게 높은 이상을 보여주십니다.

찬양

면류관 벗어서
새 찬송가 25장 〈통 25장〉

하나님의 마음 보기

에스겔 38-39장은 마곡 땅에 있는 로스와 메섹과 두발 왕, 곧 곡에 대한 심판을 선언하고 있습니다. 곡은 그들의 연합군이 큰 승리를 거둘 것으로 생각했지만 하나님께서는 그들이 생각할 수 없는 계획을 가지고 계셨습니다. 바로 하나님께서 고멜과 도갈마 족속과 함께 곡을 끌어내시겠다는 것이었습니다. 곡이 누구이고 마곡이 어디인지 정확하게 해석하기는 어려우나, 곡이 하나님 보시기에 악하다는 점만은 분명합니다. 그는 "평안히 거주하는 백성에게 나아가서 물건을 겁탈하며 노략하리라"(겔 38:11-12)라는 악한 꾀를 낼 만한 사람이었습니다. 하나님께서는 곡에 대해 "너와 네 모든 무리와 너와 함께 있는 백성이 다 이스라엘 산 위에 엎드러지리라"(겔 39:4)라는 말씀을 선포하십니다. 하나님께서 곡을 심판하시는 것은 이스라엘을 구원하기 위함은 물론, 나아가 모든 민족이 하나님을 알 수 있도록 하시기 위함입니다.

하나님께서는 곡의 심판에 이어 이스라엘 백성에게 "야곱의 사로잡힌 자를 돌아오게 하며 이스라엘 온 족속에게 사랑을 베풀지라"(겔 39:25)라는 말씀을 주십니다. 이 하나님의 말씀은 험난한 세월을 살고 있는 이스라엘 백성에게 큰 위로와 희망이 되었을 것입니다.

각 장의 중요 Point

38장 _ 연합군의 오판
39장 _ 다시는 외면하지 않으리

나를 위한 기도

나를 향해 한없는 사랑과 복의 계획을 세우시는 주님의 그 기대에 부응할 수 있도록 오늘도 승리하며 살게 하소서.

공동체를 위한 기도

하나님의 영광이 높아지며 하나님의 이름이 존귀하게 여겨질 수 있도록 교회 공동체가 이 세상을 향한 사명을 잘 감당하게 하소서.

전도대상을 위한 기도

하나님의 마음 알아가기

삶으로 실천하기

September
9/13

256

창세기 말라기

에스겔 40~41장

환상 중에 본 새 예루살렘

Tong Point 새롭게 재건될 성전의 환상을 통해 이스라엘 백성은 그들을 회복시키시려는 하나님의 놀라운 계획을 깨닫게 됩니다.

찬양

우리 모든 수고 끝나
새 찬송가 236장 <통 223장>

하나님의 마음 보기

일전에 환상 중에 죄악이 가득한 예루살렘 성으로 에스겔을 데려가셨던 하나님께서 다시 한 번 에스겔을 예루살렘으로 데려가십니다. 이번 환상 가운데 보이는 예루살렘은 황무한 현실의 모습이 아니라, 화려하게 재건될 미래의 예루살렘입니다.

이스라엘 역사를 살펴볼 때, 성전은 하나님의 임재의 상징이었고 이스라엘 백성의 삶과 신앙은 항상 성전을 중심으로 유지되어 왔습니다. 그런데 그 성전은 이미 바벨론 왕 느부갓네살에 의해 처참히 무너져버렸습니다. 하지만 하나님께서는 성전을 새롭게 재건할 계획을 가지고 계셨습니다. 이 일을 위해 하나님께서는 성전의 정확한 치수를 측량하시며 구석구석까지 매우 자세하게 보여주십니다. 건물의 길이와 너비, 벽의 두께까지 정확하게 알려주십니다. 성전에 대한 자세한 측량과 묘사는 성전 중심의 신앙 공동체를 기대하는 백성에게 큰 소망이 되었을 것입니다. 이제 새롭게 재건될 성전과 그 성전을 중심으로 하나님을 섬길 백성에게 하나님의 영광이 재현될 것입니다. 에스겔은 자신이 본 성전을 이야기하며 포로의 신세로 절망 가운데 빠져 있는 백성에게 회복과 구원의 소망을 외칩니다.

각 장의 중요 Point

40장 _ 화려한 미래
41장 _ 다시 시작이야!

나를 위한 기도

무슨 일을 만나든지 하나님께서 바라시는 것을 묻는 겸손함과 내게 있는 것을 주의 나라를 위해 올바르게 사용하는 지혜를 주소서.

공동체를 위한 기도

우리 교회가 이 시대의 성전인 교회 안팎을 믿음의 눈으로 바라보며 거룩함을 유지하는 사명을 감당하게 하소서.

전도대상을 위한 기도

하나님의 마음 알아가기

삶으로 실천하기

September
9/14
257

창세기 말라기

에스겔 42~43장

하나님의 본뜻

Tong Point 새로운 성전의 식양과 제사 제도에는 이스라엘을 다시 구별하여 거룩하게 세우시겠다는 하나님의 강한 의지가 담겨 있습니다.

찬양

황무지가 장미꽃같이
새 찬송가 242장 〈통 233장〉

하나님의 마음 보기

출애굽한 이스라엘 백성 가운데 거하시고 그들을 만나고자 모세에게 성막의 식양을 말씀해주셨고 하나님께서 에스겔에게 성전의 내부구조와 외부구조의 치수를 말씀해주십니다. 이 또한 포로에서 해방되어 약속의 땅으로 돌아올 백성과 만나기를 원하시는 하나님의 마음입니다. 에스겔은 포로의 신세로 절망 가운데 빠져 있는 백성에게 하나님께서 보여주신 성전의 환상을 이야기하며 구원과 회복의 날을 외칩니다. 에스겔의 이야기를 전해 듣는 백성은 성전 회복에 대한 기대를 갖고 위로를 받았을 것입니다.

하나님께서는 새로이 허락하신 하나님의 성전에 하나님의 영광이 가득한 장면을 에스겔을 통해 보여주십니다. 환상 가운데 보게 된 어떤 이가 에스겔에게 "이스라엘 족속 곧 그들과 그들의 왕들이 음행하며 그 죽은 왕들의 시체로 다시는 내 거룩한 이름을 더럽히지 아니하리라"(겔 43:7)라는 말씀을 주십니다. 이스라엘 백성은 하나님께서 그들을 버렸기 때문에 예루살렘 성이 함락되고 성전이 불탔다고 생각했지만, 실상은 그들이 저지른 죄악으로 말미암아 하나님의 성전이 무너진 것입니다. 이제 하나님께서는 제단을 만드는 날에 속죄제물을 드려 성전을 봉헌하라는 말씀을 주심으로써 회복에 대한 확신을 더하여 주십니다.

각 장의 중요 Point

42장 _ 모델 하우스
43장 _ 회복의 열쇠

나를 위한 기도

하나님 앞에서 거룩함을 지키기 위해 사사로운 행동과 말 하나까지도 신중히 할 수 있도록 도와주소서.

공동체를 위한 기도

하나님의 교회가 거룩한 하나님의 마음을 담아 이 세상에 복음을 전하는 곳이 되도록 우리 공동체를 일깨워주소서.

전도대상을 위한 기도

하나님의 마음 알아가기

삶으로 실천하기

September
9/15

258

창세기 말라기

에스겔 44~46장

여호와의 영광으로 가득 찬 성전

Tong Point 새 이스라엘을 꿈꾸며 기대에 찬 계획을 제시하시는 하나님께서는 직분 맡은 자들의 사명도 명시하십니다.

찬양

거룩 거룩 거룩 전능하신 주님
새 찬송가 8장 〈통 9장〉

하나님의 마음 보기

하나님께서는 죄악을 범했던 제사장과 레위인들에게도 다시 그들의 사명과 책임을 일깨워주십니다. 그들이 바로 서지 않는다면 백성과 하나님과의 거리는 점점 멀어질 것입니다. 때문에 하나님께서는 출애굽 때에 주셨던 제사장에 대한 율례와 규례들을 다시 한 번 말씀하시면서 장차 오게 될 회복의 그날에는 이전과 같은 죄악된 모습들이 없기를 바라십니다.

하나님께서는 새 성전의 식양을 주시고 그곳에서 일할 사람들을 임명하신 후, 성전이 위치할 땅을 구별하여 거룩하게 할 것을 명하십니다. 이 구별은 새 성전을 중심으로 한 이스라엘 신앙 공동체의 틀을 잡기 위한 것입니다. 하나님께서는 또한 왕의 땅도 구분하시는데 이는 왕에게 특권을 주고자 하심이 아닙니다. 왕에게 구분된 땅만을 기업으로 주셔서 지파별로 분배해주는 나머지 땅에 대해 압제하지 못하도록 미연에 방지하신 것입니다. 그리고 통치자로 세움 받는 이들을 향해 그들을 세우신 하나님의 목적과 그들의 사명을 분명하게 말씀해주십니다. 이 모든 것이 공동체를 섬세하게 운영하시는 하나님의 손길이요, 올바른 기준을 세우시는 하나님의 작업입니다. 하나님께서는 이어서 안식일과 초하루의 규례와 각종 제사의 형식에 대해 말씀해주십니다.

각 장의 중요 Point

44장 _ 한 번 더 믿어 보자
45장 _ 새 시대를 위한 틀 잡기
46장 _ 예배의 회복

나를 위한 기도

오늘 하루도 하나님의 약속을 기대하며 인내와 정직한 삶이 되게 하시고 다른 이들의 기쁨이 되게 하소서.

공동체를 위한 기도

나라의 위정자들이 하나님 앞에 겸손히 나아와 맡겨주신 중대한 사명을 놓고 전심으로 예배하며 기도하게 하소서.

전도대상을 위한 기도

하나님의 마음 알아가기

삶으로 실천하기

September
9/16
259

창세기 — 말라기

에스겔 47~48장

회복과 새로운 땅

Tong Point 하나님께서 이스라엘과 이루실 새 하늘과 새 땅의 구획이 정해지는 장면들은 이스라엘이 새로이 소생할 것임을 보여줍니다.

찬양

목마른 자들아
새 찬송가 526장 <통 316장>

하나님의 마음 보기

에스겔은 성전에서 물이 흘러나와 점점 큰 강을 이루는 환상을 목도합니다. 그 물은 강물이 되어 바다로 흘러가고 이 강물이 흘러가는 모든 곳에서는 온갖 생물들이 번성합니다. 인간의 죄를 심판하시며 그 죄로 인해 땅을 황무하게 하셨던 하나님의 본래 마음을 알 수 있는 환상입니다. 하나님께서는 여러 종류의 고기와 각종 먹을 과실나무를 주셔서 땅을 풍요롭게 하시고, 땅 위에 사는 인간들에게 복을 주고자 하시는 것입니다.

에스겔서의 마지막을 장식하고 있는 에스겔 48장은 앞으로 펼쳐질 역사에 대한 강한 기대를 담고 있습니다. 여호수아를 통해 가나안 땅을 분배해주셨던 하나님께서 에스겔을 통해 이스라엘 백성에게 땅을 새로 분배해주시는 것입니다. 각 지파별로 공정하게 땅이 배분되고 있으며 그 분배된 땅의 중심에는 하나님의 성전이 다시 서게 됩니다. 비록 지금은 하나님께서 그들의 조상들에게 주셨던 약속의 땅을 잃은 상황에 놓여 있지만, 하나님의 언약은 여전히 유효한 것입니다. 이스라엘 백성은 이 사실을 깨닫고 앞으로 전개될 훈련의 시간들을 지혜롭게 보내야 합니다. 먼 이국땅에 포로로 끌려와 있는 이스라엘 백성에게 하나님께서 함께하시는 조국 땅에 대한 소망을 전하며 에스겔서는 대단원의 막을 내리고 있습니다.

각 장의 중요 Point

47장 _ 성전으로부터 새 생명이
48장 _ 꿈을 위한 서곡

나를 위한 기도

내 시선을 항상 하나님께로 고정하게 하시고 나와 다른 사람들과 함께할 수 있는 넉넉한 마음을 허락하여 주소서.

공동체를 위한 기도

우리에게서 생수의 강이 흘러나와 우리의 이웃이 목마르지 않도록 끊임없이 사랑으로 섬기는 공동체가 되게 하소서.

전도대상을 위한 기도

하나님의 마음 알아가기

삶으로 실천하기

Worship 소그룹예배

하나님께서 함께하십니다

에스겔 33-48장

기도로 예배를 시작합니다.

이 시간, 우리가 함께 모여 하나님께 드리는 이 예배를 기뻐 받아주시고, 예배드리는 가운데 하나님의 마음과 뜻을 깨달아 알 수 있도록 지혜를 주소서.

함께 찬양을 부르세요.

"예수 사랑하심은" 새 찬송가 563장 (통 411장)

성경을 소리 내어 함께 읽고 오늘 본문의 通 이야기를 들려주세요.

* 에스겔 48장 30-35절

예루살렘이 완전히 무너진 상태에서 하나님께서는 에스겔을 통해 장차 회복될 예루살렘은 물론 이미 150여 년 전 앗수르에 의해 멸망한 북이스라엘까지 포함한 열두 지파도 모두 회복할 것이라고 약속해주십니다. 그리고 '여호와 삼마' 즉 여호와께서 거기 계신다는 말씀으로 복을 주십니다.

말씀을 통해 알 수 있는 **하나님의 마음**을 생각하며 함께 마음을 나눕니다.

* 하나님께서 열두 지파의 이름을 따르는 문들을 만들어주시는 장면은 참으로 감동적입니다. 하나님께서 우리를 위한 인생의 문도 만들어주실 것입니다. 이에 대해 함께 나누어봅시다.

* 하나님께서 '여호와 삼마' 이심을 믿으며, 우리 공동체가 하나님께서 거하실 공간이 되기 위해 어떤 노력이 필요한지 나누어봅시다.

서로 **축복의 말**을 함께 나눕니다.

"당신 안에 하나님께서 함께 거하고 계십니다."

함께 기도하며, 연이어 주님이 가르쳐주신 기도로 예배를 마칩니다.

우리를 늘 사랑하시고 함께하시는 하나님께 감사를 드립니다. 우리 가정, 우리 모임의 인생의 문을 열어주셔서 이웃을 향한 복의 통로가 되게 해주소서.

September
9/17
260

창세기 말라기

다니엘 1~2장

바벨론 제국에서의 위인

Tong Point 포로의 신분임에도 하나님을 향한 뜻을 정하여 결연한 선택을 하는 다니엘을 통해 하나님의 뜻이 제국에 전해집니다.

찬양

곤한 내 영혼 편히 쉴 곳과
새 찬송가 406장 〈통 464장〉

하나님의 마음 보기

바벨론 제국의 정책은 인재가 될 만한 이들을 바벨론 본국으로 끌어와 바벨론식 교육을 시키는 것이었습니다. 그리고 바벨론식 교육을 받은 이들을 이후에 그들의 고국으로 돌려보내 그곳을 다스리게 하는 것입니다. 이러한 정책에 따라 다니엘은 다른 유능한 젊은이들과 함께 포로로 잡혀왔고, 느부갓네살 궁전에서 바벨론식 교육을 엄격히 받았습니다. 그러나 예루살렘에서 바벨론으로 끌려온 다니엘과 세 친구들은 왕의 음식과 포도주로 자신들을 더럽히지 않고, 하나님에 대한 깊은 신앙을 지키고 있었습니다. 하나님께서는 이들에게 지혜와 지식을 더하시며, 특별히 다니엘에게는 환상과 꿈을 깨닫는 지혜도 더하여 주십니다.

어느 날, 느부갓네살의 꿈을 해석하지 못하여 바벨론의 모든 지혜자들이 죽임을 당할 위기에 처해집니다. 다니엘과 그 친구들도 이 위험을 피할 수 없었습니다. 그러나 다니엘은 느부갓네살에게 꿈을 주신 분이 하나님이시요, 그 비밀을 풀어 주실 분 또한 하나님이시라는 것을 정확히 알고 있었습니다. 느부갓네살 왕의 꿈을 해석하여 역사의 무대에 등장한 다니엘은 포로로 잡혀와 고통받고 있는 이스라엘 백성에게 큰 희망을 전해주는 통로가 되었습니다.

각 장의 중요 Point

1장 _ 무대 교체
2장 _ 그것은 이것입니다

나를 위한 기도

환경의 어려움에 흔들리지 않도록 하나님의 말씀에 삶의 기초를 두고 거룩한 뜻을 품게 하시고 그 뜻을 지켜낼 수 있는 힘과 용기를 주소서.

공동체를 위한 기도

하나님을 향해 뜻을 정했던 다니엘처럼, 이 땅의 그리스도인들이 어둡고 캄캄한 세상 속에서 세속화되지 않도록 결단하며 나아가게 하소서.

전도대상을 위한 기도

하나님의 마음 알아가기

삶으로 실천하기

September
9/18
261

창세기 말라기

다니엘 3~4장

꺾이지 않는 신앙

Tong Point 생명의 극한 위기 상황 속에서 다니엘의 친구들이 보여준 것은 전적으로 모든 것을 하나님께 맡기고 신뢰하는 참 믿음이었습니다.

찬양

환난과 핍박 중에도
새 찬송가 336장 <통 383장>

하나님의 마음 보기

바벨론에서 하나님에 대한 신앙을 지키며 살아가는 일이 다니엘과 그의 세 친구들에게 결코 쉬운 일은 아니었습니다. 왕이 세운 금 신상에 절하지 않았다는 이유로 맹렬히 타는 풀무불에 던져지는 일도 있었습니다. 왕의 명령에도 불구하고, 다니엘의 세 친구인 사드락과 메삭과 아벳느고는 일찍이 조상들이 저지른 우상숭배의 죄악을 물리치고 하나님을 향한 신앙을 굽히지 않았습니다. 그 결과, 그들은 하나님의 보호하심 가운데 생명을 건졌을 뿐만 아니라, 그 이방 땅에서 크게 높임을 받게 됩니다. 이 사건을 통해 느부갓네살이 하나님을 알게 됩니다.

하나님께서는 또다시 느부갓네살에게 그가 이룬 나라의 영화와 권력이 하나님께로부터 비롯된 것이라는 꿈을 주십니다. 이 꿈에 대한 해석이 왕의 귀에 달가울 리 없는 것이었지만 다니엘은 하나님께서 주신 지혜대로 정직하게 말합니다. 그 해석은 느부갓네살이 교만하여 자신의 힘으로 국가를 강성하게 만들었다고 생각했기에 그가 고난을 당하리라는 것이었습니다. 얼마 후, 느부갓네살은 신실로 세상 모든 일이 하나님의 손에 달렸음을 깨닫게 됩니다. 이렇게 다니엘은 이방 민족 가운데서 하나님의 영광을 드러내는 삶을 살았습니다.

각 장의 중요 Point

3장 _ 불가마
4장 _ 좋은 말 할 때 잘하지

나를 위한 기도

하나님을 사랑하고 하나님의 영광을 위해 나의 소중한 것을 정성을 다해 드릴 수 있는 마음을 주소서.

공동체를 위한 기도

보이는 세상 나라와 세상 영광에 잇대어 사는 것이 아니라, 모든 경계를 정하시는 하나님과 하나님 나라를 붙들며 살아가는 공동체가 되게 하소서.

전도대상을 위한 기도

하나님의 마음 알아가기

삶으로 실천하기

September
9/19

262

창세기 말라기

다니엘 5~6장

제국 변천의 중심에 서서

Tong Point 제국이 바벨론에서 페르시아로 변하는 시대 흐름 속에서 다니엘은 균형잡힌 영성과 사회성으로 하나님의 능력을 드러냅니다.

찬양

주 안에 있는 나에게
새 찬송가 370장 〈통 455장〉

하나님의 마음 보기

하나님께서 정하신 때가 이르자, 바벨론의 벨사살이 죽임을 당하고 메대 사람 다리오가 왕이 됩니다. 다리오 왕은 120명의 고관들을 세우고 총리 세 명을 두었는데, 그 총리들 중 하나가 다니엘이었습니다. 다리오 왕은 더 나아가 다니엘을 전국의 총리로 세우고자 합니다. 이에 다니엘의 대적자들이 그를 훼방하려고 기회를 찾지만 아무리 조사를 해봐도 허물이 발견되지 않았습니다. 그러자 다니엘이 매일 세 번씩 예루살렘을 향하여 기도하는 것을 알고 있던 그들이 "이제부터 삼십일 동안에 누구든지 왕 외의 어떤 신에게나 사람에게 무엇을 구하면 사자 굴에 던져 넣기로"(단 6:7) 하자고 왕에게 건의합니다. 내막을 모르는 왕은 정치적 모략이 숨겨진 그 조서에 왕의 도장을 찍습니다. 총리 다니엘은 조서에 왕의 도장이 찍힌 것을 알고도 전에 행하던 대로 예루살렘을 향하여 무릎을 꿇고 기도합니다. 십대 때부터 뜻을 정해온 그는 노년기에 이른 지금도, 하나님을 향해 하루 세 번씩 기도하고 있습니다.

다니엘을 사자 굴에 넣어야 되는 상황이 되자, 왕이 걱정하기 시작합니다. 하지만 하나님께서 보내신 천사가 사자의 입을 봉하였기에, 다니엘은 무사했습니다. 이에 다리오 왕은 온 땅에 조서를 내려 하나님의 이름을 높입니다.

각 장의 중요 Point

5장 _ 손가락의 저주
6장 _ No Problem!

나를 위한 기도

하나님께서 말씀을 통해 주시는 지혜를 끝까지 하나님과 이웃을 위해 사용할 수 있는 신실함을 허락하소서.

공동체를 위한 기도

제국이 변천되는 상황 속에서도 균형 잡힌 신앙으로 하나님의 영광을 드러냈던 다니엘을 기억하며, 영성과 사회성의 균형을 갖춘 공동체가 되게 하소서.

전도대상을 위한 기도

하나님의 마음 알아가기

삶으로 실천하기

September
9/20
263

창세기 말라기

다니엘 7~9장

다니엘의 환상과 해석

Tong Point 모든 역사의 주관자이신 하나님께서는 다니엘에게 나라들과 제국의 미래에 일어날 일들을 꿈과 계시를 통해 보여주십니다.

찬양

내 기도하는 그 시간
새 찬송가 364장 〈통 482장〉

하나님의 마음 보기

하나님께서는 다니엘로 하여금 네 짐승에 대한 환상을 보게 하셔서 하나님의 뜻을 깨닫게 하십니다. 네 짐승에 대한 첫 번째 환상이 있은 지 2년 후에 다니엘은 숫양과 숫염소에 대한 환상을 보게 됩니다. 이는 제국들의 교만함을 통렬히 비판하고 있는 환상이었습니다.

그런데 놀라운 것은 이렇게 하나님의 환상을 수일씩 본 후에 다니엘이 보여주는 삶의 태도입니다. "나 다니엘이 지쳐서 여러 날 앓다가 일어나서 왕의 일을 보았느니라"(단 8:27). 다니엘은 깊은 기도 가운데 환상을 볼 정도로 깊은 영성을 가지고 있으면서도, 깨어나자마자 곧 왕의 일을 볼 정도로 뛰어난 사회성을 지닌 사람이었던 것입니다. 이렇게 다니엘이 사회의 한복판에서 일하며 승리할 수 있었던 것은 하나님의 사람 예레미야의 편지를 읽고, 하나님께서 약속하신 바벨론에서의 70년의 연수를 깨달았기 때문입니다. 다니엘은 그 예언이 실현되어 본토로의 귀환이 이루어지기 위해서는 이스라엘 민족의 회개가 먼저 선행되어야 함을 깨닫고 이 문제를 위해 간절히 기도하기 시작합니다. 보통 기도 때와는 달리 베옷을 입고 재를 뒤집어쓰고 금식하며 기도합니다.

각 장의 중요 Point

7장 _ 물고 물리는 짐승처럼
8장 _ 최후의 승자는!
9장 _ 이제 나는 알았어

나를 위한 기도

나의 삶에 장애물이 다가올 때마다 하나님께서 주시는 용기를 품고 씩씩하게 넘으며 꿈과 비전의 소중함을 새롭게 느끼게 하소서.

공동체를 위한 기도

이 세대를 향한 하나님의 계획을 밝히 알고, 세상을 향해 하나님의 뜻을 선포하는 예언자의 사명을 감당하는 공동체가 되게 하소서.

전도대상을 위한 기도

하나님의 마음 알아가기

삶으로 실천하기

창세기 말라기

September
9/21
264

다니엘 10~12장

장래의 일들

Tong Point 변화의 소용돌이 속에서도 하나님께서 인생들의 역사와 현실에 간섭하신다는 믿음은 모든 고난을 이겨낼 힘을 공급해줍니다.

찬양

참 즐거운 노래를
새 찬송가 482장 〈통 49장〉

하나님의 마음 보기

고레스 원년에 이스라엘 백성의 귀환이 이루어진 지 삼 년이 지나고 있습니다. 예루살렘 본토에서는 스룹바벨과 여호수아의 인도로 성전 건축이 시작되었다가 어려움에 봉착한 때였을 것입니다. 이런 고국의 소식들이 들려오는 가운데, 전쟁에 대한 이상(異象)이 보이자 다니엘은 큰 근심에 쌓여 금식하며 기도합니다. 하나님께서는 "큰 은총을 받은 사람이여 두려워하지 말라 평안하라 강건하라"(단 10:19)라고 하시며 다니엘을 위로하십니다. 그 후에도 다니엘은 남방 왕과 북방 왕의 싸움에 대한 환상과, 북방 왕이 하나님을 믿는 자들을 핍박하게 될 미래를 보게 됩니다.

이어지는 다니엘 12장은 끝날 이후 하나님께서 주시는 위로와 소망으로 가득 차 있습니다. 하나님께서는 그의 택하신 백성을 건지시리라는 영원한 구원의 약속을 주십니다. 이 약속은 하나님께로부터 버림받았다고 생각하고 낙심했던 이스라엘 백성에게 참으로 복된 소식이 아닐 수 없습니다. 소망이 있고 기대가 있기에 인내할 수 있고, 기다릴 수 있습니다. 다니엘서의 마지막 당부도 "기다리라"라는 것입니다(단 12:13). 하나님께서는 지금까지 환난 속에 빠져 있던 이스라엘에게 희망의 메시지를 전하십니다.

각 장의 중요 Point

10장 _ 천사의 방문
11장 _ 유통기한
12장 _ 우리 그때를 기다리자

나를 위한 기도

어려운 일과 상황들이 내 앞에 닥쳐올지라도 흔들리지 않고 올바른 길을 선택할 수 있는 믿음을 주소서.

공동체를 위한 기도

세상의 모든 것이 주권자가 되시는 하나님의 섭리 가운데 있음을 선포하는 진리의 공동체가 되게 하소서.

전도대상을 위한 기도

하나님의 마음 알아가기

삶으로 실천하기

September
9/22
265

창세기 말라기

에스라 1~2장

다시 태어나는 공동체, 재건세대

Tong Point 출페르시아와 성전 재건이라는 중차대한 사명을 자신의 것으로 받아들인 이들이 힘을 합해 고국으로 귀환합니다.

찬양

나 이제 주님의 새 생명 얻은 몸
새 찬송가 436장 〈통 493장〉

하나님의 마음 보기

하나님의 사람들이 조국 이스라엘을 위해 흘린 눈물과 땀의 나날들이 모여, 70년의 세월이 흘렀습니다. 하나님께서 정하신 기간이 채워진 바로 그 시점에서, 페르시아 왕은 바벨론의 느부갓네살 왕이 포로로 잡아온 사람들을 본국으로 귀환시키는 정책을 시행합니다. B.C.537년, 고레스 왕은 유대 민족을 본국으로 돌려보내며 하나님의 성전 건축을 허락합니다.

에스라 1-4장은 페르시아에서 1차로 예루살렘에 귀환한 재건 공동체가 성전의 주초를 놓은 시점까지를 기록하고 있습니다. 고레스의 조서를 받고 페르시아 각처에서는 예루살렘에 여호와의 성전을 건축하고자 하는 자가 다 일어났습니다(스 1:5). 이들은 거룩한 꿈을 품은 자들로서 바벨론에서 이미 성공한 자들이었지만, 자신들이 쌓아온 모든 기득권을 포기하고 일어난 것입니다. 이 첫 번째 귀환은 총독 스룹바벨과 대제사장 예수아(여호수아)의 인도 아래 이루어집니다. 고국으로 돌아가는 그들의 발걸음에는 열정과 희망이 가득 차 있습니다. 에스라 2장에는 귀하고 소중한 이들의 명단이 나옵니다. 바벨론 포로 생활에서 믿음으로 연단된 사람들의 명단입니다. 황폐한 성을 위하여 일어선 회중의 합계가 42,360명이었다고 기록되어 있습니다.

각 장의 중요 Point

1장 _ 고향 앞으로
2장 _ 42,360

나를 위한 기도

내가 가지고 있는 선택의 기준을 다시 돌아보게 하시고 하나님의 자녀로서 한층 더 성숙한 선택을 할 수 있는 믿음과 지혜를 주소서.

공동체를 위한 기도

하나님께서 재건 공동체에게 제사장 나라를 향한 기대를 갖게 하셨듯이, 우리 공동체가 하나님께서 허락하신 비전으로 새롭게 출발하게 하소서.

전도대상을 위한 기도

하나님의 마음 알아가기

삶으로 실천하기

September
9/23
266

창세기 　　　　　　　　　　　　　　　말라기

에스라 3~4장

성전 건축의 기초를 놓다

Tong Point 70년 전 바벨론 군대의 말발굽에 의해 처참하게 무너졌던 하나님의 성전이 비로소 재건축되기 시작하고 기초가 놓입니다.

찬양

이 기쁜 소식을
새 찬송가 185장 〈통 179장〉

하나님의 마음 보기

제사장 예수아(여호수아)와 페르시아가 유대의 총독으로 파견한 스룹바벨의 인도로 예루살렘에 도착한 1차 귀환 공동체는 먼저 제단에서 드리는 제사들과 종교적 절기를 회복하고, 예루살렘에 도착한 2년 둘째 달에 본격적으로 여호와의 성전 공사를 시작합니다. 그런데 성전 재건 작업의 과정이 순탄하지만은 않았습니다.

앗수르에 의해 이스라엘 땅에 이주된 이방 민족들은 남유다 백성이 바벨론에 포로로 끌려가 있는 동안, 예루살렘 땅의 기득권을 차지하고 있었습니다. 자신들이 누리던 그 기득권을 계속해서 누리고 싶었던 그들은 귀환 공동체의 성전 재건을 방해합니다. 그들은 예루살렘으로 귀환한 백성이 '성읍과 성곽'을 중건하고 있다고 페르시아 왕에게 거짓 내용을 보고합니다. 성전 건축은 종교 생활이지만, 성곽 즉 성벽 건축은 정치적 행위이기에 페르시아의 왕이 이를 허락할 리가 없습니다. 건축을 중단하라는 페르시아 왕의 동의를 얻은 사마리아인들은 기세등등해졌고, 귀환 공동체는 이들의 방해로 인해 점점 사기를 잃게 됩니다. 이때부터 백성은 성전 건축을 멈추고 일단 자신들의 집을 짓는 일에 몰두하게 됩니다. 그렇게 16여 년의 시간이 흐르고 하나님께서 선지자 학개와 스가랴를 보내십니다.

각 장의 중요 Point

3장 _ 재건의 첫 걸음
4장 _ 딴지를 걸다

나를 위한 기도

내가 진정 자랑하고 의지할 것은 하나님뿐임을 알게 하시고 우선순위에 있어서 하나님을 앞서는 것이 없도록 마음을 지켜주소서.

공동체를 위한 기도

한국 교회 모든 공동체가 예배를 통한 감격과 눈물을 회복하게 하시고, 하나님의 생각과 마음을 깊이 깨달아가게 하소서.

전도대상을 위한 기도

하나님의 마음 알아가기

삶으로 실천하기

Worship
소그룹예배

기도의 사람, 다니엘

다니엘, 에스라 1-4장

기도로 예배를 시작합니다.

이 시간, 우리가 함께 모여 하나님께 드리는 이 예배를 기뻐 받아주시고, 예배드리는 가운데 하나님의 마음과 뜻을 깨달아 알 수 있도록 지혜를 주소서.

함께 **찬양**을 부르세요.

"겸손히 주를 섬길 때" 새 찬송가 212장 (통 347장)

성경을 **소리 내어** 함께 읽고 오늘 본문의 **통通 이야기**를 들려주세요.

* 다니엘 6장 1-10절

소년 시절 이국 땅에서 포로로 인생을 시작했던 다니엘이 어느 덧 제국의 총리 자리에 앉아 있습니다. 그는 자기를 해하려는 자들의 계략을 알고 있었음에도 불구하고 지금까지 해오던 대로 하루 세 번씩 무릎을 꿇고 하나님께 감사하며 기도하는 삶을 살았습니다.

말씀을 통해 알 수 있는 **하나님의 마음**을 생각하며 함께 마음을 나눕니다.

* 가정에서, 사회에서 당신은 항상 성실하게 살아가고 있습니까? 또한 하나님 앞에서 신앙을 지키기 위해 어떠한 노력을 꾸준히 하고 있습니까?

* 다니엘이 하루 세 번씩 무릎 꿇고 기도하는 것은 자신과의 약속이라기보다는 하나님과의 약속이었습니다. 하나님 앞에서 가지고 있는 당신의 약속은 무엇입니까?

서로 **축복의 말**을 함께 나눕니다.

"믿음의 약속을 잘 지키는 당신이 되기를 바랍니다."

함께 기도하며, 연이어 주님이 가르쳐주신 기도로 예배를 마칩니다.

하나님을 향해 늘 마음을 모아 정성껏 기도하게 하시고 세상의 어떠한 유혹과 핍박에도 믿음을 지키는 한결같은 신앙인이 되게 해주소서.

September
9/24
267

창세기 말라기

학개 1~2장

우선순위를 기억하라

Tong Point 성전 건축 작업은 난관에 부딪쳐 있지만, 학개의 메시지를 들은 이들의 마음은 하나님의 일에 순종하겠다는 자세로 바뀝니다.

찬양

충성하라 죽도록
새 찬송가 333장 〈통 381장〉

하나님의 마음 보기

성전 건축이 중단된 지 16년이 지나고 학개가 하나님의 명령을 듣고 그들 앞에 나타납니다. 학개는 페르시아에서 돌아온 귀환 공동체가 성전 재건 작업을 완수하도록 책망과 격려를 아끼지 않습니다. 성전 건축을 중단한 채로 농사를 지어도, 장사를 해도, 결과가 만족스럽지 않아 한숨만 쉬고 있는 그들에게 학개는 그 이유를 설명하고 있습니다. 지금 백성이 성전 건축을 중단하고 있는 것은 외부조건의 문제가 아니라, 적극적으로 나서지 않는 백성의 잘못이라는 것입니다. 또한 학개는 따끔한 책망에 이어 하나님의 능력에 대한 확신과 성전을 건축하는 이들에게 주어지는 위로의 말씀도 전합니다.

학개는 예루살렘 성전이 지금은 황폐하지만 이후 하나님의 영광으로 가득 차리라는 비전을 보여줍니다. 현재의 잘못을 지적하는 것 자체가 목적이 아니요, 그들로 하여금 다시 힘을 내어 성전 건축의 사명을 수행하게 하는 것이 하나님의 뜻이기 때문입니다. 비록 성전 건축이 난관에 부딪쳤지만 하나님께서 하라고 명하시면 순종하겠다는 자세로 백성이 마음을 바꿉니다. 하나님께서 그들과 함께하시고 백성이 순종하기로 결심한 기반 위에서 하나님의 일은 힘을 얻고 흥왕하게 됩니다.

각 장의 중요 Point

1장 _ 먼저 해야 할 일
2장 _ 오직 하나님의 능력으로

나를 위한 기도

올해 세운 계획이 잘 진행되고 있는지 점검하고 혹 흐지부지되어 중단된 계획이 있다면 다시 한 번 결의를 다지고 실행에 옮기게 하소서.

공동체를 위한 기도

우리를 세우신 하나님의 뜻을 분명하게 하여 하나님의 기쁨과 이웃의 기쁨이 되는 공동체가 되기를 원합니다.

전도대상을 위한 기도

하나님의 마음 알아가기

삶으로 실천하기

September
9/25
268

창세기 — 말라기

스가랴 1~6장

오직 성령의 능력으로 다시

Tong Point 절망스러운 현실 앞에 선 백성에게 하나님께서는 친히 성곽이 되어주겠다고 말씀하시며 소망과 비전을 주십니다.

찬양

불길 같은 주 성령
새 찬송가 184장 〈통 173장〉

하나님의 마음 보기

학개의 외침이 있은 지 두 달여 기간이 지나고 하나님께서 스가랴 선지자를 보내십니다. 하나님께서는 스가랴 선지자를 통해 성전 건축에 대해 말씀하실 뿐 아니라, 백성의 마음속 깊이 자리하고 있는 불안감에 대한 위로도 주십니다. 예루살렘에 돌아온 이들이 직접 목도한 예루살렘의 피폐한 상황은 그들에게 절망감을 주기에 충분했습니다. 그들에게는 시온성 예루살렘에 대한 하나님의 꿈이 요원하게만 보였습니다. 그런 그들에게 하나님께서는 현실을 넘어선 가능성을 보여주십니다. 또한 하나님께서는 성전 재건에 착수하고 있는 총독 스룹바벨과 대제사장 여호수아에게 오직 하나님의 능력을 바라보는 자가 되라고 말씀하시며 그들을 격려해주십니다.

하나님의 심판 선언은 경계와 긴장의 말씀이기도 하지만, 다른 한편으로는 위로와 격려의 메시지입니다. 스가랴 5장에 등장하는 날아가는 두루마리 환상과 에바 속에 있는 여인의 환상, 네 병거로 주위의 대적을 물리치고 여호수아에게 면류관을 씌워주는 환상들 안에는 성전 재건을 통해 이스라엘의 마음을 다시 일으키시려는 하나님의 깊은 뜻이 담겨 있습니다.

각 장의 중요 Point

1장 _ 희망의 싹
2장 _ 현실을 넘어선 가능성
3장 _ 임명자의 고백
4장 _ 능력, 주께 있네
5장 _ 주마가편(走馬加鞭)
6장 _ 기대

나를 위한 기도

하나님께서 나의 평안과 위로가 되시며 모든 힘의 근원이 되심을 고백합니다. 주여, 나의 영원한 울타리가 되어주소서.

공동체를 위한 기도

절망스러운 현실 앞에 선 백성에게 하나님께서 비전을 보여주신 것처럼, 우리 한국 교회에도 소망의 빛을 비춰주시길 원합니다.

전도대상을 위한 기도

하나님의 마음 알아가기

삶으로 실천하기

September
9/26
269

창세기 — 말라기

스가랴 7~10장

예루살렘의 회복

Tong Point 예루살렘 성읍이 회복되며 하나님께서 성실과 정의로 그곳에 거하시겠다는 약속은 귀환 공동체에 더없이 기쁜 소식이었습니다.

찬양

곧 오소서 임마누엘
새 찬송가 104장 <통 104장>

하나님의 마음 보기

스가랴 선지자는 성전 건축을 통한 예루살렘의 회복을 전합니다. 하나님께서는 오래 전 시내 산에서 이스라엘에게 주셨던 '거룩한 백성 제사장 나라'의 중보적 사명(출 19장)을 다시 회복시키겠다고 말씀하십니다. 여기에 구원을 베풀 겸손한 왕에 관한 이야기가 이어지면서, 그 왕이 예루살렘에 임한다고 말씀하십니다. 예루살렘과 시온의 왕께서는 준마 대신 보잘것없는 나귀 새끼를 타고 오실 것입니다. 그러나 그분이 바로 온 세계와 모든 인류를 통치하실 참 왕이십니다. 지금은 페르시아가 세계경영의 주도권을 가지고 있는 것처럼 보이지만, 나귀를 타고 예루살렘에 입성하실 겸손의 왕 예수 그리스도가 오심으로 하나님의 나라가 예루살렘에서부터 다시 시작될 것입니다.

이제 이스라엘에게 남은 과제는 지나온 이스라엘의 역사가 증명하고 오늘 스가랴가 선포하는 하나님의 약속을 믿고 순종하는 것입니다. 이스라엘을 하나님의 백성 삼으시겠다는 하나님의 약속을 믿고 전진하는 일입니다. 하나님께서 스가랴를 통해 보여주시는 환상과 미래에 대한 예언들은 이스라엘에게 다시 일어설 수 있는 힘이 되고, 하나님께서 끝까지 함께해 주시겠다는 약속은 이스라엘 백성에게 큰 위로와 비전이 되었습니다.

각 장의 중요 Point

7장 _ 5월과 7월의 혁명

8장 _ 일상으로부터의 탈출

9장 _ 그날이 오리라

10장 _ 마음의 향기

나를 위한 기도

하나님의 말씀에 나의 생활을 비추어보고 고쳐야 할 삶의 태도를 다시금 바로 잡게 해주소서.

공동체를 위한 기도

우리 교회가 하나님의 언약을 확실히 의지하며 살아가게 하시고, 기쁨과 희락이 넘치는 공동체가 되게 하소서.

전도대상을 위한 기도

하나님의 마음 알아가기

삶으로 실천하기

September
9/27

270

창세기 — 말라기

스가랴 11~14장

이스라엘의 구원

Tong Point 끝까지 이스라엘을 포기하지 않으신 하나님께서는 끝없는 사랑으로 끝까지 이스라엘을 붙드시며 그 품에 안아주십니다.

찬양

주 예수 내가 알기 전
새 찬송가 90장 〈통 98장〉

하나님의 마음 보기

성전 재건에 대한 백성의 의지를 북돋아주는 이야기로 시작된 스가랴서는 구원과 회복에 대한 소망과 격려로 끝맺음을 하고 있습니다. 예루살렘은 하나님께서 '여호와의 이름을 두려고 택한 곳'으로 삼으신 곳이고, 하나님의 백성으로 삼으신 이스라엘의 중심이었습니다. 그러나 예루살렘에 살던 백성은 점차 하나님께 불순종하고 반역하여 우상을 숭배하는 죄악을 저질렀습니다. 하나님께서는 그런 예루살렘을 심판하셨던 것입니다.

이스라엘이 심판을 받게 된 것은 하나님께 불순종하고 주의 율례와 법도를 지키지 않은 결과입니다. 하나님께서는 그들이 하나님께로 돌아오기를 간절히 바라는 마음으로 끊임없이 선지자들을 보내셨지만, 선지자들의 간절한 호소에도 불구하고 이스라엘은 하나님과 더욱 멀어질 뿐이었습니다. 그러나 하나님께서는 이스라엘 백성을 끝내 버리지 않으시고 그들을 다시 구원하시고 예루살렘을 회복시키실 꿈을 꾸십니다. 여러 이유들을 핑계로 성전의 주초만을 놓아둔 채 멈춰 있던 이스라엘 백성은 학개와 스가랴를 통해 받은 말씀으로 말미암아 16년만에 다시금 성전 재건에 착수할 수 있는 새 힘을 얻게 됩니다.

각 장의 중요 Point

11장 _ 사랑이야　　12장 _ 위로
13장 _ 채찍　　14장 _ 열린 구원의 문

나를 위한 기도

하나님의 은혜 가운데 내게 허락하신 공동체들을 사랑으로 섬기며 믿음으로 이끌 수 있는 지혜를 주소서.

공동체를 위한 기도

끝까지 이스라엘을 포기하지 않으신 하나님! 하나님의 끝없는 인자와 사랑으로 이 나라와 민족을 품어주소서.

전도대상을 위한 기도

하나님의 마음 알아가기

삶으로 실천하기

September
9/28

271

창세기 말라기

에스라 5~6장

성전 재건의 기쁨

Tong Point 학개와 스가랴의 책망과 격려를 통해 다시 힘을 얻은 백성은 드디어 성전 재건을 완성하고 큰 기쁨을 누리게 됩니다.

찬양

다 감사드리세
새 찬송가 66장 〈통 20장〉

하나님의 마음 보기

16여 년 동안이나 중단되었던 성전 재건의 역사가 다리오 왕 제2년에 다시 시작됩니다. 선지자 학개와 스가랴는 성전 재건의 의지와 열정을 놓쳐버린 백성이 다시 시작할 수 있도록 그들을 촉구하며 격려했습니다. 이전에 페르시아 왕은 사마리아인들의 거짓말을 그대로 믿고 성전 재건을 금지했었습니다. 그러나 이스라엘 백성이 학개와 스가랴의 말을 듣고 다시 성전 재건을 시작하려고 할 때, 고레스 왕의 문서를 발견한 다리오 왕은 성전 재건을 신속히 재개하라는 명령을 내립니다. 페르시아 제국이 서적 곳간에 오래전 문건을 다 보관해놓은 것을 보면 당시 제국들의 행정력을 가늠할 수 있습니다. 페르시아 제국 왕의 이 명령이 내려지자 방해하려던 자들도 급히 달려와서 성전 재건을 도와줍니다.

마침내 감격스럽고 기쁜 날이 왔습니다. 이스라엘 백성은 그동안 제대로 지키지 못했던 유월절을 지키며 감격과 기쁨을 만끽합니다. 이스라엘 백성은 어두웠던 과거의 모습을 벗어버리고 하나님 앞에 다시 거룩한 백성으로 설 수 있게 되었습니다. 어두운 터널을 통과한 후 새로운 길 앞에 선 이스라엘 백성의 즐거운 노랫소리가 완성된 성전을 배경으로 가득 차 있습니다.

각 장의 중요 Point

5장 _ 다시 시작합시다
6장 _ 감격의 날

나를 위한 기도

오늘도 내가 이 땅에 존재해야 할 이유와 목적을 잃지 않게 하시고 하나님의 돌보심과 도우심 안에 거하게 하소서.

공동체를 위한 기도

이스라엘 백성이 성전 재건을 완성하고 큰 기쁨을 누릴 수 있었듯이, 우리 교회가 예배와 말씀의 능력을 회복함으로 새롭게 되는 신앙 공동체가 되게 하소서.

전도대상을 위한 기도

하나님의 마음 알아가기

삶으로 실천하기

September
9/29

272

창세기 말라기

에스더 1~5장

유다 민족의 위기

Tong Point 유다 민족이 멸절될 급박한 위기 앞에서 왕후 에스더는 하나님을 신뢰함으로 지혜롭게 민족 구원의 계획을 세우고 실행합니다.

찬양

구주와 함께 나 죽었으니
새 찬송가 407장 〈통 465장〉

하나님의 마음 보기

페르시아 왕 아하수에로(크세르크세스)가 왕위에 올라 나라를 다스린 지 3년째 되는 해에 왕후 와스디가 폐위되고 에스더가 새 왕후의 자리에 오르게 됩니다. 이 당시 아하수에로 왕의 신임을 받아, 대신들 중 최고의 자리에 오른 하만은 자기에게 절하지 않는 모르드개가 유다인이라는 것을 알고 심히 분노한 나머지, 유다인 전부를 말살하기 위한 계획을 세웁니다. 하만은 궤계와 술수를 써서 아하수에로 왕으로 하여금 제국 내의 모든 유다인들을 지정된 하루 사이에 다 진멸하라는 조서를 공포하도록 합니다.

이 소식을 들은 모르드개는 굵은 베 옷을 입고 대궐 문 앞에서 재를 뒤집어쓰고 통곡합니다. 그리고 궁중에 있던 에스더가 사건의 자초지종을 듣게 됩니다. 당시 페르시아 법에 따르면, 왕이 부르지 않았는데 왕에게 나아가는 사람은 죽을 수 있었음에도 에스더는 민족의 위기를 극복하기 위해 가장 먼저 나서기로 결단합니다. 수산의 모든 유다인들과 함께 이 일을 위해 삼일 간 금식하며 기도한 후, 왕 앞에 나아간 에스더는 하나님의 돌보심으로 무사히 왕 앞에 설 수 있었습니다. 그리고 지혜롭게 왕과 하만을 잔치에 초대합니다.

각 장의 중요 Point

1장 _ 잔칫날에 생긴 일
2장 _ 준비된 만남
3장 _ 짙게 드리워진 죽음의 그림자
4장 _ 그래 결심했어!
5장 _ 절반의 성공

나를 위한 기도

내가 강할 때 겸손함을 주시고, 약할 때는 담대함을 주시고, 하나님의 말씀을 믿음으로 나의 마음 추가 흔들리지 않게 하소서.

공동체를 위한 기도

역사를 이끌어가시는 하나님의 섭리를 기억하며, 어떤 어려움 가운데서도 하나님을 의지하고 하나님의 도우심을 구하는 공동체가 되게 하소서.

전도대상을 위한 기도

하나님의 마음 알아가기

삶으로 실천하기

September
9/30
273

창세기 말라기

에스더 6~10장

위대한 구원

Tong Point 유다 백성에게 가장 비극적인 날로 기억될 뻔하였던 아달월 십삼일은 하나님을 찬양하는 승리의 절기인 부림절이 되었습니다.

찬양

십자가를 질 수 있나
새 찬송가 461장 〈통 519장〉

하나님의 마음 보기

아하수에로 왕은 에스더가 준비한 잔치에 다녀왔던 그날 밤에 일기를 읽다가 언젠가 왕의 두 내시가 왕을 암살하려 한다는 음모를 모르드개가 고하여 자신의 생명을 구해주었던 것을 알게 됩니다. 왕은 다음 날 하만을 불러 자신의 생명을 구했던 모르드개를 생각하며, '왕이 존귀하게 하기를 원하는 사람' 에게 어떻게 해주면 좋을지에 대해 조언을 청합니다. 그 사람이 바로 자신일 거라고 착각한 하만은 그 사람에게 가장 좋은 옷을 입히고 왕이 타는 말을 태워 성 중 거리를 다니게 하라고 왕에게 말합니다. 왕은 곧바로 모르드개에게 하만이 말한 모든 상을 베풉니다.

에스더가 왕을 위해 준비한 두 번째 잔치 자리에서 아하수에로 왕은 에스더에게 원하는 소원이 무엇인지 말해보라고 합니다. 바로 이때 에스더는 하만의 궤계를 폭로합니다. 그 사실을 듣고 매우 화가 난 왕은 하만이 모르드개를 매달려고 만든 장대에 오히려 하만을 매답니다. 이렇게 모르드개와 에스더의 목숨을 건 노력으로 말미암아 유다 민족 전체가 위기를 모면합니다. 이로써 유다인의 멸절의 날은 구원의 날로 변하고, 이는 '부림절' 이라는 새로운 절기를 탄생시키는 계기가 됩니다.

각 장의 중요 Point

6장 _ 반전의 징조
7장 _ 대역전의 드라마
8장 _ 전화위복
9장 _ 잊을 수 없는 날
10장 _ 그날의 기억이 우리에겐

나를 위한 기도

내가 열심을 내어 수고하고 헌신하는 일이 나를 소진시키지 않게 하시고 많은 사람들에게 유익이 되게 하소서.

공동체를 위한 기도

유다 민족을 하만의 손에서 구원하시고, 모든 인생들을 예수님을 통해 구원해주신 하나님을 높이며 찬양하는 공동체가 되게 하소서.

전도대상을 위한 기도

하나님의 마음 알아가기

삶으로 실천하기

Worship
소그룹예배

함께 마음을 모아요

학개, 스가랴, 에스라 5-6장, 에스더 1-10장

기도로 예배를 시작합니다.

이 시간, 우리가 함께 모여 하나님께 드리는 이 예배를 기뻐 받아주시고, 예배드리는 가운데 하나님의 마음과 뜻을 깨달아 알 수 있도록 지혜를 주소서.

함께 찬양을 부르세요.

"선한 목자 되신 우리 주" 새 찬송가 569장 (통 442장)

성경을 소리 내어 함께 읽고 오늘 본문의 통通 이야기를 들려주세요.

* 에스더 4장 1-17절

민족의 거대한 위기 앞에서 친족 관계인 에스더와 모르드개 사이에 주고받는 대화와 신앙을 통해 결국 유다인 전체가 생명을 보전하는 큰 은혜와 기쁨을 누리게 됩니다. 모두가 함께한 삼 일의 금식과 기도시간은 포로 70년 시간 중 참으로 중요한 시간이었습니다.

말씀을 통해 알 수 있는 **하나님의 마음**을 생각하며 함께 마음을 나눕니다.

* 서로를 믿고 지지하는 것, 그리고 신앙적으로 마음을 나누고, 대화하는 것은 매우 중요합니다. 서로의 마음 문을 열 수 있는 따뜻한 말을 생각해봅시다.

* 당신에게 해결해야 할 문제가 있습니까? 시간을 구별해서 함께 금식하거나 혹은 기도해보시기 바랍니다. 지금 구체적으로 계획하고 실천해봅시다.

서로 **축복의 말**을 함께 나눕니다.

"날마다 주의 생명으로 가득한 우리 공동체가 되길 소망합니다."

함께 기도하며, 연이어 주님이 가르쳐주신 기도로 예배를 마칩니다.

우리 안에 있는 크고 작은 어려움들을 아시는 예수님. 모두가 함께 무릎을 꿇고 기도합니다. 하나님의 뜻대로 선한 길로 인도해주소서.

저자 조병호 박사

2004년 독일 신학사전 RGG⁴에 아티클 '세계기독학생선교운동(Studentische Missionsbewegung)' 을 기고
2006년 영국 왕립역사학회(Royal Historical Society)에 스피커로 초청
2006년 삶의 방법론이자 새로운 성경 읽기의 방식으로서 '통(通)' 방법론 최초 주창
2008년 한국 신학자 140인 서울선언 '성경을 통通한 재정향' 의 공동대표
2014년 '통通성경 포뮬라(Formula for TongBible)' 를 발표
2016년 통바이블칼리지 통通성경학교 인터넷 120강의 강사
2017년 독일 비텐베르크 2017 CONGRESS 스피커 '종교개혁 500주년기념'
2021년 미국 글로벌처치 디비니티스쿨 이사
2022년 미국 통독바이블 앱 론칭
2022년 미국 통바이블 네트워크 설립

성경통독원 원장, 통독교회 담임목사
미국 드루대학교 객원교수, 글러벌처치 네트워크 서울 허브 대표

장로회신학대학교 신학과 (Th.B. 신학사)
장로회신학대학교 신학대학원 (M.Div. 교역학석사)
연세대학교 연합신학대학원 (Th.M. 조직신학, 신학석사)
영국 에딘버러대학교 대학원 (Th.M. 선교신학, 신학석사)
영국 버밍엄대학교 대학원 (Ph.D. 역사신학, 철학박사)

베스트셀러 《성경과 5대제국》 – 2011 한국기독교출판문화상 대상 수상
《성경통독》 – 2005 한국기독교출판문화상 최우수상 수상
《통하는 사도행전 30년》 – 2020 한국기독교출판문화상 우수상 수상
《통성경 길라잡이 지도자 지침서》 – 2022 한국기독교출판문화상 우수상 수상
주요저서 《통숲 주석 세트》(전 12권), 《제사장 나라 하나님 나라》, 《와우! 예레미야 70년》,
《消失的帝國》(中國 團結出版社/성경과 5대제국 중국판), 《성경과 고대전쟁》,
《성경과 고대정치》, 《신구약 중간사》, 《성경통독과 통通신학》 등 100여 종
편찬 《큰글자 일년일독 통通독성경》, 《역사순 통通성경》

1년 1독 성경통독 (3)

초판 1쇄 발행 2015년 3월 6일
7쇄 발행 2025년 6월 20일

지은이 · 조병호
펴낸곳 · 도서출판 통독원
디자인 · 전민영
주 소 · 서울시 강남구 선릉로 806
전 화 · 02)525-7794 / 팩 스 · 02)587-7794
홈페이지 · www.tongdok.net
등 록 · 제21-503호(1993.10.28)

ISBN 979-11-90540-71-1
979-11-90540-68-1 04230 (전 4권)

값 8,000원